名人鈔票故事館

世界鈔票上的人物百科

莊銘國、許啟發 編著

五南圖書出版公司 印行

自序

　　鈔票是國家的名片，也是國家整體的象徵。人們在使用鈔票時，認知了國家文化，每個國家在決定發行鈔票之初，必精心設計鈔票圖像，以便傳達國家精神。

　　以新臺幣爲例，100圓正面是國父孫中山，背面爲中山樓；200圓正面爲先總統蔣中正，背面是總統府，這兩張鈔票可歸論「尊重傳統」。500圓正面是運動，1000圓爲教育，2000圓則是科技及貿易，此三張正面訴求「前瞻性」；500圓背面是梅花鹿及大霸尖山，1000圓爲帝雉及玉山，2000圓印出櫻花鉤吻鮭及南湖大山，此三張背面述說「本土化」。它與國人朝夕相見，也讓全世界過客得以瞻仰，顯現國家崇尚的價值與品味。

　　現今世界各國所發行的鈔票圖像五花八門，大致分類如下：

人像	政治性人像——國王、總統、總理、女王、首相、政治家
	傑出性人像——科學、醫學、法律、經濟
	藝術性人像——文學、美術、音樂、建築、教育
建築物	政治性建築物——建築物爲國家所使用
	社會性建築物——建築物爲歷史遺跡或社會知名建物
動植物	國家特有、稀有、保育類
地理景觀	國家地理景觀
社會文物	國家社會代表性文物作品
展望	象徵性對現在與未來社會的展望
人權	紀念過去人類歷史愛好和平、追求人權
資源	國家作物資源與經濟

（資料來源：莊銘國，《典藏鈔票異數》2006）

　　其中人像占55%，文物及景觀16%，建築物12%，動植物10%。

　　在人像中，有少數國家鈔票採用「泛指」的人物肖像，指定群體屬性的代表，像士農工商兵學的形象，絕大部分採用「特定」人物肖像，如政治家、科學家、文學家、藝術家、音樂家等名人。這些名人肖像有人物大型化的傾向，

新版美元人物相同但肖像已變大，它對發現僞造特具功效，愈大肖像的神態愈易露出蛛絲馬跡。鈔票特定人像幾乎都是「單一」人像，偶有見二人、三人或四人（人民幣前一版100圓有四人組領袖——毛澤東、周恩來、劉少奇、朱德），甚至高達十五人（2018年馬來西亞獨立60周年，有歷任國王肖像），如果在有限面積的鈔票，置放太多肖像，刻劃肖像的表現力會相形減弱，面部表情及神韻較難完全顯現。此外，名人肖像很少會擺在鈔票中間，攜帶收納時會對折鈔票，凹折人物會有不敬，所以鈔票上人物位置不是偏左，就是偏右。再探討下去，名人肖像大多數在右側（國際禮儀是右者爲尊，以前冷兵器時代刀劍佩左側，以左爲尊。當今爲熱兵器時代——手槍佩右側，改爲右者爲尊）。現今很多名人鈔票肖像之下（或旁邊）會寫姓名、註明生卒年代，便於世人上網進一步瞭解其生平。

　　這本《名人鈔票故事館》，顧名思義就是將鈔票上的名人，聚集一堂，深入瞭解認識。

　　第一篇「**風雲人物**」 算是本書的開胃菜，如韓國現代集團運用一張紙鈔獲得大訂單，更進而使國家現代化；法國路易十六，因鈔票上的肖像而上斷頭臺，都是廣爲流傳的知名故事。

　　第二篇「**奇人軼事**」就是尋求單一鈔票名人發生的事端。

　　第三篇「**名人共同體**」是鈔票名人共同題材對照，如南極爭霸、歐陸雙英、拉丁雙雄。

　　第四篇「**鈔票萬花筒**」係以一共同話題，將名人串聯整編在同一事件下。如名人故事搬上銀幕、地理大發現、近代科學進展的名人鈔票收藏，使人一目瞭然。

　　若有對世界鈔票知識有興趣，目前已出版有《歐洲鈔票故事館》、《亞洲鈔票故事館》、《非洲鈔票故事館》、《美洲及大洋洲鈔票故事館》（編印中）、《典藏鈔票異數》（特殊鈔票）、《遇見鈔票》、《數字看天下》、《鈔票的藝術》、《名人鈔票故事館》等，願與您分享。

莊銘國　許啟發 編著

Contents

自序　002

Chapter 1
風雲人物　008

1.01　一張鈔票建構經濟強國　009

1.02　紙鈔變通緝傳單　010

1.03　外國鈔票上的唯一華人　012

1.04　鈔票上出現最多次的名人　013

1.05　超級明星臉　022

1.06　夫妻檔一起來　025

1.07　名人大集合　034

1.08　男女平權　041

1.09　音樂三天王　047

Chapter 2
奇人軼事　052

2.01　科學冤案──伽利略　053

2.02 夢幻騎士——唐吉訶德   054

2.03 夢中情人——克拉拉·舒曼   057

2.04 童話之王——安徒生   059

2.05 金融霸主——羅斯柴爾德   060

2.06 日本鐵血宰相——伊藤博文   064

2.07 南斯拉夫元帥——狄托   066

2.08 叢林詩人——帕特森   068

2.09 電話發明人——貝爾   070

2.10 學習之神——二宮尊德   071

2.11 俄羅斯和平締造者——亞歷山大三世   072

Chapter 3
名人共同體   076

3.01 拉美雙雄   077

3.02 日本兩次革新　　　　　　　　　079

3.03 俄羅斯兩位大帝　　　　　　　　084

3.04 小而強兩國度　　　　　　　　　087

3.05 雙強爭霸南極點　　　　　　　　098

3.06 歐陸雙英　　　　　　　　　　　101

3.07 出奇致勝兩戰將　　　　　　　　105

3.08 兩大王室滅門血案　　　　　　　109

Chapter 4
鈔票萬花筒　　　　　　　　112

4.01 躍上大銀幕　　　　　　　　　　113

4.02 多難興邦的波蘭名人　　　　　　124

4.03 愛爾蘭大文豪　　　　　　　　　132

4.04 德意志菁英　　　　　　　　　　137

4.05 古希臘神話　　　　　　　　　　146

4.06　中華古代名人　　　　　　　　　152

4.07　拉美國度　　　　　　　　　　158

4.08　末代皇帝　　　　　　　　　　188

4.09　國王萬歲　　　　　　　　　　196

4.10　美國英雄　　　　　　　　　　214

4.11　運動健將　　　　　　　　　　219

4.12　地理大發現　　　　　　　　　225

4.13　藝術大師　　　　　　　　　　244

4.14　名人名著　　　　　　　　　　261

4.15　天文學家　　　　　　　　　　268

4.16　華陀再世　　　　　　　　　　279

4.17　諾貝爾文學桂冠　　　　　　　290

4.18　科學大突破　　　　　　　　　299

卷尾　名人鈔票啓示錄　　　　　　　315

Chapter 1

風雲人物

1.01 一張鈔票建構經濟強國

　　日本前首相中曾根康弘說：「SONY是日本的左臉，TOYOTA是日本的右臉」，而南韓「現代」則是近代南韓的寫照，「現代」在全球創造「MADE IN KOREA」的神話，世界若要了解南韓就必先從了解「現代」開始。

信譽就是一切

　　傳奇企業家鄭周永，白手起家建立南韓最大企業集團「現代」，擁有南韓第一家造船廠、第一家汽車廠、率先在全球創出「MADE IN KOREA」品牌，成為南韓企業走向世界的領頭羊，年銷售額相當南韓政府全年預算，成就來自企業理念「信譽就是一切」。

　　1998年6月趕著1000隻黃牛回故居回饋鄉里，穿過分割南北韓38°線，直接進入北韓，北韓最高領導人金正日，出現下榻飯店會談，因緣際會，使南北韓40、50年緊張關係開始化解，並藉此順利打開南北韓貿易大門。

讓鈔票圖案說話

　　為了建造蔚山造船廠及接獲訂單，隻身到英國集資，但造船首先必須由鑑定公司評定，有造船能力及技術再加上有買主，銀行才肯借撥資金，鄭周永完全沒造船技術也沒買主，更沒造船廠，要如何完成此艱難任務？

　　他從口袋拿出一張500韓元，紙幣上印著16世紀，朝鮮民族英雄李舜臣和他的龜甲船（此鈔票被用來紀念打敗日本豐臣秀吉的偉大功績），龜甲船外觀像極現代油輪，大聲說：「我們國家西元1500年就已經製造出鐵甲船，英國卻直到西元1800年才開始造船，比韓國晚300年，韓國現代的造船能力不容懷疑。」這段生動比喻又有鈔票為證，配合現代公司平日在韓國建立的信譽及其相關產業生產能力，誠懇自信的表現，讓英國技術公司發出「現代公司」有能力建造大型船廠的證明書，並寫推薦信，讓鄭周永取得英國造船廠船舶設計圖，透過此兩份文件，說服希臘船王，爭取到建造兩艘26萬噸級油輪的訂單，成功拿到建廠、造船的貸款基金。

藉由鈔票圖案，讓歷史說故事的典故從此流傳，「現代」由無到有建立起造船王國，帶領南韓經濟往前衝，在全球發光發熱，一張小小鈔票發揮巨大功能，更創造出一個新經濟強國。

韓國民族英雄李舜臣（1545–1598）
500 Won , 1973年版

1.02 紙鈔變通緝傳單

路易十六反對制憲被軟禁且限制王權

　　1775–1783年，法國參加美國獨立戰爭，更加速國家財政面臨破產。路易十六生性優柔寡斷又無力償還戰爭費用，被迫讓人民成立制憲議會，尋求解決之道，但結果卻是制定憲法，限制王權。路易十六企圖推翻制憲議會卻失敗，國王和王室被迫從凡爾賽搬到巴黎軟禁，且廢除親王、貴族制度、封爵制度及沒收教會財產。

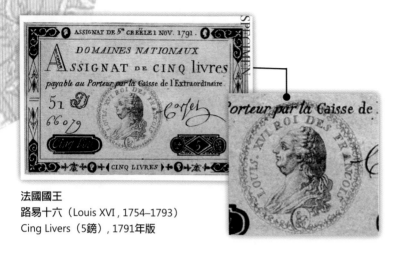

法國國王
路易十六（Louis XVI, 1754–1793）
Cing Livers（5鎊）, 1791年版

紙幣上國王肖像成為催命符

1789年法國大革命期間。巴士底監獄被民眾攻擊。國王路易十六被告知時，問道：「這是一場叛亂嗎？」回答：「不，陛下，這是革命。」

1791年，為了尋求外力支援東山再起，路易十六喬裝馬伕逃至邊境，心想邊境地區沒人認得，絕對是安全的地方。此時迎面來了一位農夫，看到路易十六後心想：「對面這張臉很熟，好像在那裡看過呀！」從口袋拿出一張紙幣對照，「呀！是國王。」馬上阻止他脫逃。未能成功逃跑的國王被抓回了巴黎。

為了凸顯國王權威，國王肖像印在紙幣上，沒想到卻成全國通緝傳單，成為路易十六送上斷頭臺的催命符。歷史總會不斷重演，美伊戰爭快結束時，伊拉克海珊總統在逃跑的住所被抓，據說也是依據鈔票上的海珊肖像，通風報信所抓的，同樣步上路易十六的鈔票悲劇。

路易十六被自己改良的斷頭臺斷頭

1792年，法國大革命戰爭。

1793年，路易十六被以叛國論罪，送上斷頭臺處死。

巧合的是，這斷頭臺居然是依據他親手設計，改良三角型斷頭刀所製成。

假若路易十六當初留在巴黎，支持憲改不逃走，法國政體仍會沿著君主立憲制發展。假若逃跑成功，法國肯定陷入內戰。逃走計畫失敗，加上在德法戰爭中被懷疑通敵，路易十六只能上演走上斷頭臺的悲劇。

1.03 外國鈔票上的唯一華人

模里西斯華商總會主席
朱梅麟（Moilin Jean Ah-Chuen , 1911–1991）
25 Rupees，2013年版

朱梅麟祖籍廣東梅州市梅縣區，是華裔第二代，客家人被稱為東方猶太，31歲當選為模里西斯華商總會主席。53歲時被選為模里西斯國會議員，56歲出任模里西斯地區事務部部長。

1715年，法國人來到模里西斯開發種甘蔗、咖啡、紅茶等，開闢首府路易士港。

1810年，英、法兩國在模里西斯爆發戰爭，法國戰敗，割讓模里西斯予英國，唯一條件為保存法國文化，模里西斯遂成為雙語系殖民地，經英國管轄158 年（1810—1968），島民倡議獨立。

1968年，宣布獨立，模里西斯成爲大英國協的一員。

非洲模里西斯經法、英兩國統治達250多年之久，已成爲一個法治的民主國家。

開倉放糧，模里西斯英雄

模里西斯是英國的殖民地，生活物資都是英國派送。二戰期間英國忙於作戰自顧不暇，模里西斯人民生存面臨困境，朱梅麟挺身而出，配合政府開倉放糧，讓模里西斯人民度過困境。當地政府感念此義舉，朱梅麟被選爲立法會代表，成爲第一個進入立法會的華人。

此外二次大戰期間，在朱梅麟的倡議下，模國華人成立中國人國土保衛隊，號召模國華人回國救亡，捐獻外匯支援中國政府。

1970代初期，朱梅麟建議模里西斯政府發展加工出口業，以免過於依賴旅遊和蔗糖。模里西斯落實這理念使得經濟成長。

1998年，模里西斯政府爲感念朱氏推動民主、發展經濟的貢獻，發行印有朱梅麟頭像的25盧比鈔票紀念，成爲繼孫中山之後，第二個肖像被印在鈔票上的客家英雄。也是第一位華人肖像印在外國的鈔票上。此外，模里西斯還有一條街以朱梅麟的名字命名，可稱「客家之光」與「華人之光」。

朱梅麟的大女兒朱志筠也是個傑出人物，臺灣大學外文系畢業，臺灣第一任僑選立法委員，嫁給上海籍的香港染料大王，也是模里西斯派駐中國大陸第一任大使。

1.04 鈔票上出現最多次的名人

光輝的歷史

世界第一個工業化國家，19世紀和20世紀初期，是英國的全盛時期，憑藉強大海權，英國的殖民地遍布全球，占有全世界1/4的土地，自稱「日不落國」是世界上最強大的國家。

成立大英國協

第一次世界大戰後，民族意識抬頭，海外殖民地紛紛獨立，大英帝國逐漸解體，爲了鞏固十四世紀以來英國以強大海權所建立的帝國勢力，成立大英國協。

　　1931年，頒布西敏寺法令，正式成立大英國協（British Commonwealth of Nations），由53個獨立主權國家組成，以共同效忠英王的形式，自由結合爲不列顛國協，會員國均享平等地位，內政外交互不相屬，女王伊莉莎白二世爲16個大英國協王國的元首。大英國協人口共有18億人，占全球總人口30%。英國藉此組織，繼續維持與前殖民地、屬地的關係。1947年印度宣布獨立，要求大英國協改名，才會繼續留在國協。

　　1949年大英國協更名爲國家國協（Commonwealth of Nations）。

「三環外交政策」爲國家大方針

　　1940年至1945年，邱吉爾出任英國首相，領導英國。

　　1939年至1945年，第二次世界大戰，聯合美國等國家對抗德國，取得最終勝利。

　　1952年，女王伊莉莎白二世登基，邱吉爾自1951年至1955年再度出任英國首相。

　　首相邱吉爾精通歷史，熟悉國際政治，觀察入微，訂出「三環外交政策」強化英國國力，避免歐陸紛擾。二次大戰後，邱吉爾認知大英帝國國力削弱，已失去世界重心，認知美國國力強大，是未來世界核心，明確地將英國傳統的務實外交與外交重心，分成三環：

　　第一環爲「大英國協」：與「大英國協」維持友好與合作關係，是英國外交的第一核心利益。這些尊稱英國女王伊莉莎白二世爲元首（Head）的國家，是英國重要的貿易夥伴，以及國際政治上的支持來源。

　　第二環爲「美國」：英國與美國素來有深厚的「特殊關係」，第二次世界大戰期間，又一起並肩作戰，深知美國軍事實力，外交上，只要得到美國的支持與保護，就可高枕無憂。

　　第三環爲「歐陸國家」：認爲歐洲大陸因爲權力結構複雜，國與國間的權力鬥爭與利益衝突嚴重，不要介入歐洲事務太深，這是英國對待歐洲大陸

國家的最高指導原則。與歐盟的關係呈現「若即若離」的現象。

　　伊莉莎白二世女王，是現任英國及大英國協16個成員國的國家元首，對於英國國際地位和經濟社會發展，有無遠弗屆的影響力，而王室的權威與形象，更讓她成為大英國協永遠的精神標竿。

　　這些國家地區的鈔票自然會印有元首伊莉莎白二世的頭像！列出如下頁：

所羅門群島（Solomon Islands）
2 Dollars，1977年版

香港（Hong Kong）
1 Cent，1981-86年版

曼島（Isle of Man）
1 Pound，1990年版

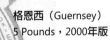

格恩西（Guernsey）
5 Pounds，2000年版

澤西島（Jersey）
1 Pounds，2010年版

貝里斯（Belize）
1 Dollar，1963年版

直布羅陀（Gibraltar）
1 Pound，1975年版

開曼群島（Cayman Islands）
5 Dollars，2005年版

巴哈馬（Bahamas）
0.5 Dollar，1974年版

東加勒比（OECS）
10 Dollars，2003年版

加拿大（Canada）
20 Dollars，2004年版

紐西蘭（New Zealand）
2 Dollars，1985-89年版

百慕達（Bermuda）
2 Dollars，2000年版

直布羅陀（Gibralter）
5 Pounds，2010年版

斐濟（Fiji）
5 Dollars，2007年版

福克蘭群島 （Falkland Islands）
5 Pounds，1983年版

名人鈔票故事館 **019**

聖赫勒拿島（Saint Helena）
5 Pounds，1981年版

牙買加（Jamaica）
5 Shillings，1960年版

模里西斯（Mauritius）
5 Rupees

澳大利亞（Australia）
5 Dollars，1997年版

蘇格蘭（Scotland）
10 Pounds，2012年版

英國（Great Britain）
20 Pounds，2006年版

1.05 超級明星臉

約翰·鮑威爾

巴貝多科學家兼農業學家，挽救了巴貝多以及環加勒比海地區的製糖產業。榮膺「帝國服務之星」的稱號，以表彰他在熱帶農業領域方面的傑出貢獻。

鮑威爾在巴貝多建立遺傳基因實驗室，被指派為巴貝多甘蔗實驗站的農業主管。因他努力研究的成效，使加勒比海地區甘蔗的供應量大大地增加。使蔗糖業成為巴貝多外匯主要收入來源，次要來源是旅遊業。

鮑威爾肖像和香港著名歌星劉德華相似度近乎九成，讓人訝異！

巴貝多農業學家
約翰·鮑威爾 （John Bovell, 1855-1928）
2 Dollars，2007年版

曼努埃爾·奎松

菲律賓第一任總統。奎松制定了鐘斯法案，使菲律賓立法權力不再受到美國的約束，成為菲律賓的英雄。美國承認菲律賓「自治」後當選菲律賓總統（1935–1944）。1942年日本侵占菲律賓時流亡澳大利亞，在菲律賓光復前2個月（1945年）去世。奎松和臺灣的政治人物連戰相似度高達八成，令人稱奇！

菲律賓總統
曼努埃爾・奎松 （Manuel Quezon, 1878–1944）
20 Piso，2001年版

柯拉蓉・艾奎諾夫人

　　菲律賓首位女總統，1986年與在職20年之久的馬可仕競選總統，艾奎諾成爲總統。

　　馬可仕因明顯的欺詐選舉，被迫逃亡國外。

　　柯拉蓉任內，成功制定新憲法，總統任期由4年延至6年，但不得競選連任。經濟改革卻不甚成功。1991年停止「美菲軍事基地協定」，撤除美軍蘇比克灣基地與克拉克空軍基地。將基地改爲「自由經濟特區」。

　　柯拉蓉和臺灣政治人物呂秀蓮相似度高達七成。

菲律賓前總統柯拉蓉・艾奎諾夫人（Corazon Aquino, 1933–2009）
菲律賓反對黨領袖貝尼格諾・艾奎諾（Benigno Aquino, 1932–1983）
500 Piso，2010年版

哈山納・包奇亞

　　汶萊和平之邦蘇丹及國家元首第29世，現任汶萊蘇丹兼首相。汶萊蘇丹曾以擁有350億美元資產列為世界首富，但其後被比爾・蓋茨趕上。資產估計達220億美元，是全球最富有的王室。

　　汶萊採馬來伊斯蘭君主憲制，原油和天然氣是國家的主要支柱，總產值幾乎占汶萊整個國家國內生產總值90%。

　　將包奇亞的鬍鬚剃掉，瞬間變成臺灣的總統馬英九，相似度十分高！

汶萊蘇丹
哈山納・包奇（Hassanal Bolkiah,1946–）
5 Ringgit，1992年版

1.06 夫妻檔一起來

拉瑪九世——泰國國王普密蓬‧阿杜德及王后

　　泰國國王，深得泰國各族國民的愛戴。他是卻克里（曼谷王朝）第9位國王，是全世界在位時間第二長的國家元首（1946–2016，在位70年），僅次法國路易十四（1643–1715，在位72年）。

　　1946年，同父異母的哥哥拉瑪八世在王宮遭槍擊身亡，19歲的普密蓬登基繼承王位，「秉承正道治國，造福泰國人民。」是他登基誓言，返回瑞士繼續完成學業。

　　1948年，拉瑪九世在瑞士的一場交通意外導致右眼失明，在瑞士完成學位，他經常訪問法國，在巴黎認識泰國駐法大使的女兒詩麗吉。

　　2016年10月13日，去世。

　　在70年國王生涯中，泰國發生過20次政變、更換17部憲法、總理換了23人，普密蓬的地位一直穩如泰山。每當泰國有重大的事件發生（國內暴動、民運事件、軍事政變），蒲密蓬國王總會出面扮演仲裁角色，深得泰國人民的愛戴。

　　70年來，足跡遍及泰國各角落，把時間和精力放在鄉村地區的農業發展、水利灌溉、水土保護、考察和規劃，有「開發國王」、「農業國王」諸多讚譽，為表彰他對推動泰國農業發展傑出貢獻，聯合國頒發給他首座人類發展終身成就獎。他終生努力地為國付出，被尊為泰國國家的心臟、民族的靈魂、政壇的磐石。

　　泰王能講7國語言，同時還是一名優秀的薩克斯風手和爵士樂作曲家、畫家和攝影家。

泰國普密蓬國王（King Bhumibol Adulyadej, 1927–2016）
詩麗吉王后（Sirikit Phra Borommarachininat, 1932–）
80 Bah，2012年版

不丹國王吉格梅・旺楚克夫婦

　　現任不丹國王，認爲國民幸福總值，比國內生產總值更重要，制定「幸福指標」施行於全國。有「全球最英俊國王」之稱，在國內極受愛戴。

　　2006年，不丹第四任國王旺楚克將王位傳下給他。

　　2011年，和20歲平民女大學生吉增・佩瑪結婚。

　　「我們的任務就是經濟上自力更生」，提出「國民幸福總值」理論受到國際社會高度關注。 規定每人每年最少要種植10棵樹。不丹原始森林的覆蓋率，在亞洲排名第一。

不丹國王吉格梅‧旺楚克（Jigme Wangchuck, 1980–）
王后吉增‧佩瑪（Jetsun Pema）
100 Ngultrum，2011年版

柬埔寨前國王諾羅敦‧施亞努夫婦

1941–1955年，就任王位，1955年讓位給他的父親蘇拉瑪里特，出任柬埔寨首相。

1952年，與莫尼列‧施亞努結婚。生育二子。

1953–1970年，柬埔寨的最高領導人，被稱為獨立之父。

1960–1970年，任國家元首。1970年軍事政變流亡北京。

1993年，柬埔寨恢復君主立憲制，施亞努重登王位。王后為諾羅敦‧莫尼列。

2004年，宣布退位，傳位於其子西哈莫尼，被尊稱為王父、太皇。

2012年，逝世。

施亞努一生多才多藝，在音樂上頗有造詣，用英語、法語及高棉語創作很多電影歌曲。

柬埔寨太皇諾羅敦·施亞努（Norodom Sihanouk, 1922–2012）
太后諾羅敦·莫尼列（Norodom Monineath, 1936– ）
100000 Riels，1995年版

菲律賓前總統柯拉蓉·艾奎諾夫婦

1954年，柯拉蓉和菲律賓參議員貝尼格諾·艾奎諾結成良緣。

1983年，貝尼格諾·艾奎諾回國時在機場遭槍殺。艾奎諾夫人領導反對馬可仕政權政治運動，成為菲反獨裁象徵。

1985年，參加總統選舉，得到各階層選民廣泛支持。

1986年，選舉舞弊導致百萬人民包圍馬拉坎南宮，形成「第一次人民力量革命」，馬可仕逃亡夏威夷，艾奎諾夫人正式就任總統，成為菲律賓和亞洲第一位女總統。

1991年，停止美菲軍事基地協定，撤除美軍蘇比克灣基地與克拉克空軍基地。

菲律賓前總統柯拉蓉．艾奎諾夫人（Corazon Aquino, 1933–2009）
和其夫參議員貝尼格諾．艾奎諾（Benigno Aquino, 1932-1983）
500 Piso，2010年版

史瓦濟蘭國王索布紮二世及其妻兒

　　在位61年，是世界上統治時間最長的君主之一。1968年，史瓦濟蘭宣布獨立，仍留在英聯邦內，索布紮二世為國王、國家元首，鈔票背面為成群的王妃。

　　紙鈔正面是國王像，背面為其九位老婆和兩名子女。

史瓦濟蘭國王
索布紮二世
（Sobhuza II, 1899–1982）
1 Lilangeni，1974年版
正面

背面

墨西哥畫家夫婦迪亞哥・里韋拉與芙里達・卡羅

迪亞哥・里韋拉

生於墨西哥瓜納華托，墨西哥畫家，活躍共產主義者。

他的妻子芙里達・卡羅，與他第一次結婚1929–1939，第二次結婚1940–1954（到芙里達・卡羅去世爲止），里韋拉促進墨西哥壁畫復興運動。

鈔票上是里韋拉與他的油畫作品〈人體與百合〉（Nude with Calla Lilies）、三枝畫筆、畫板。

墨西哥畫家
迪亞哥・里韋拉（Diego Rivera, 1886–1957）
500 Pesos，2010年版，正面

芙里達・卡羅

著名女畫家，以自畫像聞名。墨西哥文化和美洲印地安人傳統文化是她作品的內涵。一生的畫作自畫像占2/3。

法國羅浮宮博物館收藏第一幅拉丁美洲作品就是她的畫作。

鈔票上是卡羅的油畫作品〈愛的擁抱〉（The Love Embrace of the Universe, the Earth）。

墨西哥女畫家
芙里達‧卡羅（Frida Kahlo, 1907–1954）
500 Pesos，2010年版，背面

丹麥畫家夫婦邁克‧恩科與安娜‧安契爾

　　邁克‧恩科，丹麥畫家，70年代，為安娜‧安契爾教授初期繪畫，安娜‧安契爾是丹麥著名的畫家，主要描畫平民生活，特別是漁民、婦女和兒童日常生活。

　　1880年，邁克‧恩科與安娜喜結連理。

　　1883年，生女赫爾嘉。一家人和樂融融在小鎮上過完一生。

丹麥夫婦畫家
安娜‧安契爾（Anna Ancher 1859–1935）
邁克‧恩科（Michael Peter Ancher, 1849–1927）
1000 Kroner，1998年版

比利時國王博杜安一世夫婦

比利時國王（1951～1993）二戰期間，被德國拘禁，戰後流亡瑞士。

1950年，任國家元首，是比利時第5任國王。

1960年6月，宣布允許剛果獨立。以特有的魅力、誠懇謙遜的態度著稱於世。同年與法比奧拉婚。

比利時國王博杜安一世（Baudouin, 1930–1993）
王后法比奧拉（Fabiola of Belgium）
50 Francs，1966年版

西班牙雙王伊莎貝爾&費爾南多斐迪南二世

伊比利亞半島中部兩個王國，卡斯提亞女王伊莎貝爾和阿拉貢費爾南多斐迪南二世聯姻。1479年，合一成為西班牙王國，被稱為天主教雙王。

1492年，征服南部摩爾人，實現統一的西班牙王國。

1492年，哥倫布在西班牙雙王的資助下，發現美洲新大陸。

西班牙雙王
伊莎貝爾
（Isabel I la Católica, 1451–1504）
費爾南多斐迪南二世
（Fernando II el Católico, 1452–1516）
1000 Pesetas，1957年版

居禮夫婦

居禮夫人是波蘭裔法國籍物理學家，第一位獲得諾貝爾獎的女性。

1903年，和丈夫皮埃爾・居禮共同獲得物理學獎。在研究鐳的過程中，用3年9個月，才從成噸的礦渣中提煉出0.1克的鐳。

1911年，居禮夫人獲得化學獎，共兩次獲得不同領域諾貝爾獎。

1935年，大女兒伊雷娜和丈夫弗雷德里克夫妻倆，也獲得化學獎。

1965年，小女兒丈夫亨利是聯合國兒童基金會執行主任，領取和平獎。

全家五位諾貝爾獎得主，是整個家族永遠的榮耀。

法國諾貝爾獎得主
居禮夫人（Madame Curie, 1867–1934）
皮埃爾・居禮（Pierre Curie, 1859–1906）
500 Francs，1994年版

皮雅斯特王朝波蘭大公夫婦梅什科一世及其妻子杜布拉娃

梅什科一世（Mieszko I）是波蘭歷史上最傑出的帝王，後世尊稱為波蘭國父。驅除外族勢力，劃定出波蘭疆界輪廓，在民族精神和宗教等方面對波蘭文化產生顯著的影響。

965年，梅什科和捷克大公波列斯拉夫一世的女兒杜布拉娃結婚。

966年，接受基督教，引進拉丁文，促進國家封建化和文化的發展。

967年，帶領全國接受基督教，大大提高了波蘭在歐洲的地位和文化的發展。

波蘭大公梅什科一世（Mieszko I, 935–992）
妻子杜布拉娃（Dobravka）
20 Zlotych , 2016年版

1.07 名人大集合

大部分的鈔票人像是單人頭，雙人頭或三人頭較少數。鈔票上印有四人以上就不多見，人頭愈多，輪廓就較不明顯，較容易被偽造。

代表性的鈔票如下：

摩洛哥三王

1927年，穆罕默德五世繼位摩洛哥國王。

1953年，法國發動政變，被放逐到科西嘉島和馬達加斯加，引起人民強烈不滿。

1957年，摩洛哥獨立，國名定爲摩洛哥王國。

1961年，穆罕默德五世病逝，長子哈桑二世繼承王位。哈桑二世採取市場經濟政策。

1999年，哈桑二世的長子穆罕默德六世登基，成爲摩洛哥王朝的第22位君主。

2011年，自削權力，宣布將進行全面的憲政改革。

2013年，摩洛哥國王穆罕默德六世宣布組成新政府。

摩洛哥國王
由左至右為穆罕默德六世（Muhammad VI,1963–）、哈桑二世（Hassan II,1929-1999）、穆罕默德五世（Muhammad V, 1909–1961）
50 Dirhams，2009年版

瓜地馬拉三位著名作曲家

阿爾坎塔拉（Germán Alcántara, 1963–2010），作曲家、樂隊和管弦樂隊

指揮。創作主要是鋼琴和樂隊作品，充滿特殊活力和魅力的旋律。

　　塞巴斯蒂安‧烏爾塔多（Sebastián Hurtado, 1827–1913），1897年製作第一把馬林巴琴。

　　馬里亞諾‧巴爾韋德（Mariano Valverde, 1884–1956），作曲家、吉他手，製作出彩色木琴，找到新的旋律。

瓜地馬拉三位音樂家
由右至左為German Alcántara、Sebastián Hurtado、Mariano Valverde
200 Quetzales，2009年版

米拉貝爾三姐妹

　　多明尼加反獨裁的米拉貝爾三姐妹，1960年11月25日在多明尼加慘遭殺害。為了紀念她們，第一屆拉丁美洲女權主義大會宣布把11月25日作為反暴力日。每年的11月25日成為國際消除家庭暴力日。

　　當時的獨裁者特魯希略看中小妹，遭受拒絕後逮捕米拉貝爾全家，幾次逮捕和釋放，造成米拉貝爾父親死亡。三姐妹和反特魯希略的青年結婚，成為民眾的精神領袖，人稱「彩蝶姐妹」。1960年，策劃刺殺特魯希略的行動失敗後入獄，全家族被關，政府迫於國際壓力將女性成員釋放。

　　1960年11月25日，三姐妹去監獄看望她們的被關的丈夫，回家路上死於亂棒之下，全民憤怒，半年後特魯希略被暗殺，政權宣告瓦解。

多明尼加反獨裁姐妹
米拉貝爾三姐妹（Mirabal sisters）
200 Peso Oro，2009年版

朱德、劉少奇、周恩來、毛澤東

　　1945年，中日戰爭結束，中國取得最後勝利，中國共產黨第七次全國代表大會在延安舉行。大會通過的新黨章中，明確規定以毛澤東思想作爲中國共產黨一切工作的指標。中共中央五大書記毛澤東、朱德、劉少奇、周恩來、任弼時成爲中國共產黨的最高領導層。

　　1950年，任弼時因腦溢血病逝，對中國共產黨往後建國有影響的人物就屬鈔票上這四人。

中國重要領導人
自左至右為朱德、劉少奇、周恩來、毛澤東
100 圓，1980年版

加拿大政壇菁英（2017年建國150周年紀念鈔）

　　1867年，英國將加拿大省、新不倫瑞克省和新斯科舍省合併爲聯邦，成立英國最早的自治領，加拿大國家誕生。2017年是建國150周年，加拿大政府特別發行10元塑料紀念鈔，以茲紀念。

　　鈔票上人物由左而右，依序如下：

　　1.加拿大第一任總理約翰・麥克唐納爵士（John Alexander Macdonald, 1815–1891），建立加拿大聯邦，擴大加拿大領土，使得加拿大發展爲一個覆蓋北美北半部的國家。

　　2.加拿大聯邦之父喬治・艾蒂安・卡地亞爵士（George–Étienne Cartier, 1814–1873），加拿大聯邦制度的締造者。一生致力於擁護法裔和其他少數族裔的基本權利，領導魁北克加入聯邦，並且參與將加拿大領土延伸至太平洋和北冰洋。

　　3.加拿大第一位女性國會議員艾格尼斯・麥克菲爾（Agnes MacPhail, 1890–1954），一生致力於男女平權運動，被選爲加拿大第一位女性國會議員。支持工薪階層，幫助女性、礦工、移民群體發聲。

　　4.加拿大第一位原住民參議員詹姆斯・格萊斯頓（James Gladstone, 1887–1971），1958年獲指派擔任加拿大國會參議員，爲加拿大原住民第一人。

加拿大政壇菁英
由左到右依序為John Alexander Macdonald、George-Étienne Cartier、Agnes MacPhail、James Gladstone
10 Dollars 2017年版

尚比亞五任總統

　　總統職務於1964年獨立時設立，至今已有六任總統。現任總統埃德加‧查格瓦‧倫古（Edgar Chagwa Lungu, 1956–），肖像未在鈔票上。

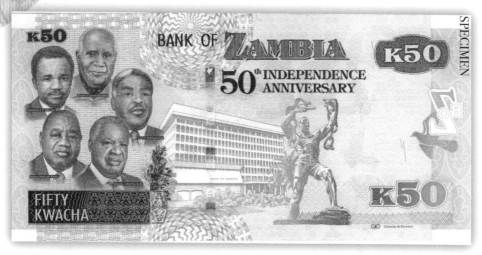

尚比亞五任總統
上排由左至右為第二任的弗雷德里克‧齊盧巴、首任的肯尼士‧卡翁達、第三任的利維‧姆瓦納瓦薩
下排由左至右為第四任的魯皮亞‧班達、第五任的邁克爾‧薩塔
50 Kwacha，2014年版

迦納開國六君子（Big Six）

　　自上排由左向右介紹如下：

　　第一任總統克瓦米‧恩克魯瑪（Kwame Nkrumah, 1909–1972），迦納國父，執政期間大力發展民族經濟，改善民眾生活，推行泛非主義，支持非洲民族獨立運動，倡導非洲統一。

　　前外交部長阿德杰（Ebenezer Ako-Adjei 1916–2002）。

　　前總統愛德華‧阿庫福‧阿多（Edward Akufo Addo, 1906–1979）。

　　律師丹夸（Joseph Boakye Danquah, 1895–1965）。

　　參謀總長蘭普帝（Emmanuel Odarkwei Obetsebi-Lamptey, 1902–1963）。

　　前外交部長阿塔（William Ofori Atta, 1910–1988）。

10000 Cedis ，2007年版

最多名人的鈔票

背面 馬來西亞獨立以來所有的15任最高元首肖像圖

　　馬來西亞2018年所發行的馬來亞獨立聯邦協會成立60週年紀念鈔票，是世界上最大的紀念鈔票。鈔票背面是由1957年至今15位最高元首肖像圖。象徵馬來西亞爲君主立憲制國家。國家元首經由統治者會議選出，由9位世襲統

治者所輪流出任，任期限制最高為5年。

　　第一任的最高元首由1933年即位的森美蘭最高統治者端姑・阿布都拉曼擔任。其中吉打蘇丹端姑・阿布都・哈林曾先後出任第五任及第十四任最高元首。

　　十五任統治者，依統治順序為：

1. 阿都拉曼Abdul Rahman Ibni 1895 -1960
2. 希沙慕丁沙 Hisamuddin Alam Shah 1898-1960
3. 賽布特拉Syed Putra 1920-2000
4. 依斯邁・納西魯丁沙Ismail Nasiruddin Shah 1907-1979
5. 阿布都哈林Abdul Halim Mu'adzam Shah 1927-2017
6. 雅耶・貝特拉Yahya Petra 1917-1979
7. 阿末沙 Ahmad Shah al-Musta'in Billah 1930-
8. 馬末・依斯干達Iskandar al-Haj 1932-2010
9. 阿茲蘭沙A Azlan Muhibbuddin Shah 1928 －2014
10. 查法Ja'afar 1922－2008
11. 沙拉胡丁阿都阿茲沙Salahuddin Abdul Aziz Shah 1926－2001
12. 賽西拉魯丁Syed Sirajuddin 1943－
13. 米占・再納・阿比丁Mizan Zainal Abidin 1962-
14. 阿都哈林Abdul Halim Mu'adzam Shah 1927－2017
15. 穆罕默德五世Sultan Muhammad V 1969－

1.08 男女平權

　　全世界鈔票名人幾乎都是男性，偶爾一、二位女性出現，因為人類史上多以「父權主義」為中心，不過有幾個國家例外，在澳大利亞鈔票上，一面是男性，另一面一定是女性。

　　最後一版的德國馬克鈔票中，也呈現出男女平等的觀念，印在5/20/100/500馬克上的是女性，印在10/50/200/1000馬克上的則是男性。瑞典新版鈔票肖像也是男女各半，誠屬難得。

澳大利亞鈔票（2001年版）

聯邦之父亨利・帕克斯
（Henry Parkes, 1815–1896）
5 Dollars

記者凱薩琳・海倫・斯彭斯
（Catherine Helen Spence, 1825–1910）
5 Dollars

詩人安德魯・派特森
（Andrew Paterson, 1864–1941）
10 Dollars

詩人瑪麗・吉爾摩
（Mary Gilmore, 1865–1962）
10 Dollars

醫生約翰・弗林牧師
（John Flynn, 1880–1951）
20 Dollars

慈善家瑪麗・萊蓓
（Mary Reibey, 1777–1855）
20 Dollars

土著作家大衛・烏奈龐
（David Unaipon 1872–1967）
50 Dollars

女議員艾蒂絲・科恩
（Edith Cowan, 1861–1932）
50 Dollar

德國鈔票（1991年版）&瑞典鈔票（2015年版）

德國女作家阿爾尼姆
（Bettina von Arnim, 1785–1859）
5 DM

德國數學家高斯
（Carl Friedrich Gauss, 1777–1855）
10 DM

德國詩人安內特
（Annette Hülshoff, 1797–1848）
20 DM

德國建築師約翰・巴塔薩・紐曼
（Balthasar Neumann, 1687–1753）
50 DM

德國音樂家克拉拉・舒曼
（Clara Shumann， 1819–1896）
100 DM

德國醫學家保羅・埃爾利希
（Paul Ehnlich， 1854–1915）
200 DM

瑞典作家阿思緹・林格倫
（Astrid Lindgren, 1907–2002）
20 Kronor

瑞典詩人艾菲特・陶布
（Evert Taube， 1890–1976）
50 Kronor

瑞典電影名星葛麗泰·嘉寶
（Greta Garbo, 1905–1990）
100 Kronor

瑞典導演柏格曼
（Ernst Bergman, 1918–2007）
200 Kronor

瑞典女高音梅爾塔·尼爾森
（Märta Nilsson, 1918–2005）
500 Kronor

瑞典外交家道格·哈馬紹
（Dag Hammarskjöld, 1905–1961）
1000 Kronor

1.09 音樂三天王

　　世界聞名的音樂家有：貝多芬、海頓、蕭邦、舒曼、舒伯特、巴哈、李斯特、莫札特等。

　　特地找出奧地利海頓、德國貝多芬、波蘭蕭邦三人有關的小故事，與大家分享。

奧地利作曲家
法蘭茨‧約瑟夫‧海頓（Franz Joseph Haydn, 1732–1809）
20 Schilling，1950年版

海頓

　　奧地利作曲家。交響樂之父和弦樂四重奏之父。將奏鳴曲從鋼琴發展到弦樂重奏上，器樂主調的創始人。

　　海頓擔任奧地利官廷樂長長達30年，此段時間完成不少作品，也替團員解決不少問題，被稱呼為海頓爸爸。有些附庸風雅的貴族，常在演奏中打瞌睡，於是海頓作了一首曲子，在柔和曲調中突然出現震撼的音樂，讓打盹的聽眾驚醒，這首就是有名的《驚愕交響曲》。

　　法國拿破崙攻打海頓的祖國奧地利時，特別派人先行保護海頓，不讓海

頓受驚，但那時海頓已老邁又身患重病，他召集家人聚會，以鋼琴彈奏創作的奧地利國歌《帝皇頌》三次，不久就去世。奧地利不久被德國兼併，經票選，仍用海頓所創作的《帝皇頌》作為德國國歌曲譜。二戰後，奧地利再度獨立，因國歌已被德國使用，只好另選國歌。

波蘭作曲家
弗雷德里克‧弗朗齊瓦‧蕭邦（Fryderyk Franciszek Chopin, 1810–1849）
20 Zlotych，2009年版
蕭邦誕生200周年紀念鈔

弗雷德里克‧蕭邦

　　波蘭音樂家、作曲家，愛國鋼琴詩人，作品有強烈愛國意識，悲觀時常會面向鋼琴流淚。

　　8歲就公開演奏，15歲就出版作品，有音樂神童的美譽。20歲時波蘭發生戰爭，首都華沙淪陷，悲憤之下，寫下有名的《革命頌》。蕭邦的音樂作品幾乎全以鋼琴曲為主，而且大多是小品形式，被世人稱譽為「鋼琴的詩人、鋼琴的心、鋼琴的靈魂……」。鈔票肖像旁是蕭邦的F小調第十號練習曲之樂譜。

　　蕭邦20歲就出國旅行演出，臨行前，朋友們送給他一只盛滿祖國泥土的

銀杯，蕭邦對祖國有深厚的感情，所以這只銀杯常帶在身邊。隔年演奏完要返回波蘭，途中傳來波蘭起義失敗、華沙淪陷於俄國的消息，蕭邦再也沒有回到波蘭，並且拒絕到俄國演奏，但他的作品裡充滿著對祖國的懷念。蕭邦的身體非常虛弱，罹患肺結核，臉色始終慘白，享年只有39歲。朋友遵照他的遺囑，取出他從波蘭帶來的銀杯，把裡面盛著的祖國泥土撒在棺木上，把他的心臟用盒子裝好運回波蘭，安置在華沙聖十字大教堂裡。

德國音樂家
路德威・格範・貝多芬（Ludwig Van Beethoven, 1770–1827）「樣鈔」

路德威・格範・貝多芬

　　德國音樂家、演奏家和指揮家，被稱為樂聖，《英雄》、《命運》、《田園》、《合唱》、《悲愴奏鳴曲》和《月光奏鳴曲》為其代表作，一生的創作對世界樂壇影響重大，是海頓、莫札特之後集古典音樂大成的音樂家。

　　貝多芬年輕時非常仰慕拿破崙，因為他帶領法國大革命成功並征服歐洲。1797年，當拿破崙進軍維也納時，邀請海頓和貝多芬一起到法國軍營作客，這是貝多芬和拿破崙第一次見面。1804年春天，貝多芬以激情歡呼共和，寫出《英雄交響曲》準備獻給拿破崙，但拿破崙卻稱帝登基，貝多芬怒罵拿破崙「一個小人、俗人」，標題改為「英雄的」而不是「英雄」。

當威靈頓公爵帶領部隊，在維多利亞獲得勝利，鼓舞著歐洲反拿破崙聯盟，貝多芬特別寫出《威靈頓的勝利》交響曲慶祝。此時貝多芬正值藝術生命最輝煌的時期。

　　1815年，滑鐵盧會戰後，歐洲同盟已推翻拿破崙，王朝再度復辟，此時貝多芬畢生的「共和體制」理想已然破滅，肺病傷寒加上耳聾，導致變成狂怒暴躁的人生。

　　SONY的前社長大賀典雄，主導了CD的開發，被稱為CD之父。在當年合作的飛利浦堅決要將CD播放時間定為60分鐘，大賀卻堅持為74分42秒，因為這是貝多芬第九交響曲的演奏長度，也是目前為止，世界最長的歌曲。自此所有製作的CD，播放時間都是74分42秒。事隔200年，後世人們製作的產品仍受到貝多芬樂曲的潛移默化，貝多芬的影響力不容小看。

Беллинсгаузен

Chapter 2

奇人軼事

2.01 科學冤案 —— 伽利略

RA 187062 P

SPECIMEN

BANCA D'ITALIA
IL GOVERNATORE   IL CASSIERE

LIRE
DUEMILA
PAGABILI A VISTA AL PORTATORE
RA 187062 P

義大利科學家
伽利略（Galileo Galilei, 1564–1642）
2000 Lire, 1973年版

哥倫布發現新大陸，伽利略發現新宇宙

　　義大利物理學家、天文學家，近代實驗物理學開拓者，改進製作出第一架高倍率望遠鏡，發現土星光環、太陽黑子、太陽自轉、金星和水星的盈虧，繪製出第一幅月面圖。發現木星有四個衛星，對當時的「地心說」有重大的打擊。

　　人們讚譽「哥倫布發現新大陸，伽利略發現新宇宙」。愛因斯坦稱他是「現代科學之父」。

自由落體試驗 —— 在比薩斜塔和月球同樣結果

　　當時科學認知都以亞里斯多德理論為中心，但伽利略發現有諸多錯誤，一一改正。有如亞氏說「如果把兩件東西從空中扔下，重的先落地，輕的後落地」。伽利略認為兩者應該同時落地。26歲的他，選擇在比薩斜塔做自由落體試驗，站在比薩斜塔上面，手各拿一個鐵球，大鐵球是小鐵球的10倍

重，左右兩手同時放開，只見兩個球從空中落下，匡噹一聲同時落地。試驗證明物體從空中自由落下，不管輕重都是同時落地。

1971年，這個理論的380年後，阿波羅15號太空人大衛‧斯考特，在無空氣的月球表面上重複這個試驗，讓一把錘子和一根羽毛同時落下，全球電視觀眾注目下，重量相差很多的兩個物體同時掉落在月球表面上。

著作成為禁書，350年後才獲得平反

他指出「太陽是宇宙中心」而不是教會主張的「世界以地球為中心」。

1616年，被教會指控為異端，甚而要面對酷刑，最後只能被迫否認哥白尼理論。

1624年至1632年，寫成《關於托勒玫和哥白尼兩大世界體系的對話》巨著。

1633年，羅馬天主教的宗教法庭將他軟禁，著作成為禁書。

1642年，發高燒與心悸後去世，享壽78歲。同年牛頓出生。

1984年，教宗若望保祿六世公開發表談話，承認當年教會迫害伽利略的行為是錯誤的。

長達350年的冤屈迫害獲得平反，這是科學史上時間拖得最長的冤案。

2.02夢幻騎士 —— 唐吉訶德

國家代表性人物，可以從鈔票上看出，也可以從首都的中央廣場得知，西班牙馬德里的紀念廣場，中央坐落塞凡提斯石雕，前方有唐吉訶德和桑丘‧潘沙銅像，以及代表唐吉訶德真愛的兩尊石像，此廣場被譽為西班牙最美麗的廣場。可得知塞凡提斯在西班牙人心目中的地位。塞凡提斯之於西班牙，猶若柏拉圖之於希臘，但丁之於義大利，帕斯卡之於法蘭西，莎士比亞之於英格蘭。

世界最佳小說

西班牙17世紀名著《唐吉訶德》，在諾貝爾獎機構投票中，擊敗英國莎

士比亞、俄國托爾斯泰和多斯托耶夫斯基等作品，奪得世界最佳小說，票數比其他作品多出一半以上。

《唐吉訶德》是文學史上第一部現代小說，世界文學名著。《唐吉訶德》描述西班牙一位鄉紳，愛打抱不平，因讀騎士小說太入迷，決心模仿騎士周遊天下，身穿破爛盔甲，提著長矛，騎上瘦馬和僕人桑丘出發遊走他鄉，一路上受盡折磨，仍固守自己的夢想，直到臨死才如夢初醒。藉由主僕兩人的遊俠生活，揭露社會的黑暗，抨擊教會的專橫，道出人民的困苦。

一個「築夢者」，不在乎別人的眼光，只朝夢想勇往直前。跨越七大洲五大洋不同國度，讓世界破涕為笑，是西班牙民族的驕傲，更是世界文學的瑰寶。

西班牙小說《唐吉訶德》主人翁
唐吉訶德（Don Quixote）
1 Peseta，1951 年版

聰明的傻瓜人和傻瓜中的聰明人

唐吉訶德	桑丘・潘沙
理想主義者	實用主義者
虛幻理想、持長矛和風車搏鬥	美酒佳餚享受人生
有豐富的學識	文盲
瘦而高	胖而矮
充滿幻想	實際出發
屬於過去	屬於未來
聰明的傻瓜	傻瓜中的聰明人

一生顛沛流離的塞凡提斯

米格爾‧德‧塞凡提斯一生顛沛流離，流亡義大利，參與過戰爭，在勒班陀戰役中，左手掌被子彈切斷了一根神經，左手變得僵化，被稱「勒班陀殘臂人」。1575年在阿爾及爾被俘，直到1580年才放回西班牙。兩度入獄，而《唐吉訶德》正是1597年入獄時構思的作品。在宗教裁判鎮壓一切進步思想與人民挺身反抗的大環境下，塞凡提斯在1605年和1615年分別出版《唐吉訶德》的上下冊，刻劃出兩位活生生的人物，唐吉訶德和桑丘‧潘沙，把苦難流浪寫成寓言故事。被譽為西班牙文學世界裡最偉大的作家。

歐洲著名作家對塞凡提斯有很高評價

歌德：塞凡提斯的小說，真是一個令人愉快又使人深受教益的寶庫。

拜倫：《唐吉訶德》是一個令人傷感的故事，它越是令人發笑，則越使人感到難過。主持正義、制伏壞人是他的唯一宗旨。正是那些美德使他發瘋。

海涅：塞凡提斯、莎士比亞、歌德成了三頭統治，在敘事、戲劇、抒情這三類創作裡分別達到登峰造極的地步。

雨果：塞凡提斯的創作是如此巧妙、天衣無縫；主角與桑丘騎著各自的牲口，渾然一體，可笑又可悲，感人至極。

西班牙偉大作家
《唐吉訶德》作者
米格爾‧德‧塞凡提斯‧薩維德拉
（Miguel de Cervantes Saavedra, 1547-1616）
100 Pesetas，1928年版

　　塞凡提斯獎，西班牙文化部為表彰傑出的西班牙語作家而設立，是西班牙語世界的文學最高榮譽，被稱為西班牙語世界諾貝爾文學獎。

　　塞凡提斯國際藝術節，每年在墨西哥文化城瓜納華托舉行，以紀念在西班牙語言方面做出貢獻的人。1953年2月，瓜納華托的教師、學生和家長首次聚會，在廣場上表演塞凡提斯的劇作，以後每年舉行一次表演成為當地傳統。

2.03夢中情人 —— 克拉拉・舒曼

　　樂壇女祭司克拉拉和音樂詩人羅伯特・舒曼及古典最後光芒布拉姆斯三人之間的愛情故事，如音樂章曲餘音繞梁。

「音樂、文學、愛情」—— 舒曼一生寫照

　　音樂文學家羅伯特・舒曼，長期接觸德國文學，使他的鋼琴作品細膩具有詩意，每首小曲都表達出特定的情緒，作品以鋼琴曲和歌曲居多，作品有很深的文學素養。

　　1840年，克拉拉頭戴桃金娘花冠，羅伯特・舒曼將他的作品26首組成歌曲集《桃金娘》，作為結婚禮物，以一首德國詩獻給他的至愛「妳是我的生命，是我的心。妳是大地，我在那兒生活。妳是天空，我在那兒飛翔。」克拉拉在她的日記回答「我會永遠活在有你的生命裡」。

　　羅伯特・舒曼每次寫出新鋼琴小品，都先由克拉拉試彈，克拉拉是舒曼創作的靈感來源，一生中85％的創作都在結婚後完成。舒曼說：「音樂是表達靈魂最理想的語言」。晚年的舒曼在精神病院治療2年後去世。

　　「音樂、文學、愛情」是他一生的寫照。舒曼死後克拉拉無法停止對他的愛，用她的下半生巡迴演奏舒曼的作曲，要完成心中的願望——讓舒曼永遠活下去，直到全世界都認識舒曼為止。出版舒曼的曲子與書信，盡其心志提升丈夫音樂地位，使舒曼在古典音樂史上占有一席之地。

德國音樂家
克拉拉・舒曼（Clara Schumann, 1819–1896）
100 Deutsche Mark，1996年版

愛情激發布拉姆斯寫出美妙樂章

　　布拉姆斯和巴哈、貝多芬並稱為「3B」。 羅伯特・舒曼是布拉姆斯的老師，在羅伯特・舒曼的力薦下，布拉姆斯漸漸成名，和老師一樣，深愛著共同一位女人──克拉拉，因而終生未娶。一生創作的每份樂譜手稿，都先行寄給克拉拉並聆聽意見，音樂是他和克拉拉之間偉大的情書，藉助譜曲抒發對至愛的思念，在愛情力量激發下，譜寫許多動聽美妙樂曲。曾說「我最美好的旋律都來自克拉拉」。

　　得知克拉拉葬禮要在法蘭克福舉行，63歲生病的布拉姆斯急著前往，匆忙中卻搭上相反方向列車，未能趕上葬禮，只能拿著小提琴孤零零地站立在墓前，拉出40年來的相思情。克拉拉死後二個月，布拉姆斯也去世。

　　死前常將自己關在房內，整天演奏克拉拉生前最愛樂曲，孤單坐在鋼琴旁，眼淚四溢。

2.04 童話之王 —— 安徒生

人生就是一部童話

安徒生是丹麥著名的短篇小說家，童話故事書在全世界的出版量，名列第3名。

安徒生：「我太愛童話了，童話啓迪了我的靈魂。我要讓童話變成孩子們的避難所，我要在那裡構築理想世界。」

安徒生畢生寫了212篇童話，被翻譯成100多種文字的作品，已傳遍世界各個角落，成爲擁有廣大讀者的「童話之王」。「安徒生不只屬於丹麥，而是全世界的」。

丹麥童話作家
漢斯・克里斯汀・安徒生（Hans Christian Andersen, 1805–1875）
10 Kroner，1961年版

旅行就是生活

安徒生以孩童爲本位、孩童的角度來撰寫，可說是「孩子王」的代表。「從簡單的出發點，反映人生趣事」，這是安徒生創作的理念。

「旅行就是生活」是安徒生的格言，早期的旅行豐富了安徒生許多經歷，成爲生命的轉捩點。1831—1837年間，出國旅遊29次，在旅行時巧遇造訪許多大文豪，在旅行途中將所見所聞畫下來成爲日後的創作題材。尤其他的格言更令人津津樂道。

《國王的新衣》小男孩天眞爛漫的誠實話，點醒人們要誠實，常保眞誠的心。

《醜小鴨》告訴人們用心靈感受這個世界，就會看見善良與美的本質。

《夜鶯的故事》告訴人們不要勉強他人，鳥兒自由地在樹林唱出的歌聲才是最美好的。

《賣火柴的小女孩》提醒人們不要只顧利益，多一些溫暖關懷，世界會更美好。

2.05 金融霸主 —— 羅斯柴爾德

19世紀的歐洲存在六大強國：英國、法國、俄羅斯、奧匈帝國、普魯士和羅斯柴爾德家族。在金融界，不知道羅斯柴爾德家族，有如士兵不知道誰是拿破崙。讀物理學的人不知道誰是愛因斯坦一樣。

在歐洲五國建立完整的銀行鏈

1806年，法國軍隊逼近德國黑森，統治者腓特烈‧威廉三世公爵，委託300萬英鎊給梅耶‧羅斯柴爾德保存，梅耶利用這第一桶金，指派五個兒子分別到歐洲的法蘭克福、維也納、倫敦、那不勒斯、巴黎五個城市，建立起完整的銀行鏈。

1812年，老羅斯柴爾德逝世。

1813年，拿破崙在萊比錫戰役失敗，老羅斯柴爾德三子南森，交還普魯士威廉公爵所有財產及利息，羅斯柴爾德家族自此贏得威廉公爵完全信任，

藉此信譽，羅氏家族堅強無比的人脈網，從此無遠弗屆。

以色列葡萄酒鼻祖
愛德蒙‧羅斯柴爾德（Edmond Rothschild, 1845–1934）
500 Sheqalim，1982年版

　　愛德蒙‧羅斯柴爾德是梅耶‧羅斯柴爾德的孫子。羅斯柴爾德家族的第一代和第二代以金融業著名，第三代和第四代開始向釀酒業進軍，成為世界上釀酒業最響亮的名字。

策動和資助戰爭是銀行家根本的利益

　　對銀行家而言，戰爭是天大的喜訊。策動和資助戰爭，是他們根本的利益，戰爭雙方政府，無論輸贏都會深陷銀行的債務泥沼中，戰前需要軍事貸款，戰後需要借貸賠款或重建費。

　　拿破崙戰爭時期，普魯士和英國的軍隊，陷入嚴重的軍費短缺，羅斯柴爾德家族給普魯士提供20億英鎊貸款，並受英國政府委託，負責運送貨幣給作戰的威靈頓元帥，整個家族涉足銀行業和債券業，並建構出獨有的情報傳遞網。

1815年，英軍贏得滑鐵盧戰役時，羅斯柴爾德家族信息比威靈頓將軍的快遞員快，整整提前一天傳達英國。就在這一天的時間差，爆發出驚天動地的神奇故事！

拿破崙的滑鐵盧是羅斯柴爾德的凱旋門

人們焦急等待滑鐵盧戰役成敗消息，羅斯柴爾德三子南森，把握這寶貴的一天，先行大量拋售手裡英國債券，讓其他交易員誤信英國已輸掉戰爭，導致全體瘋狂拋售。幾個小時的狂拋，英國公債僅剩票值5％，結束前，南森再大量買回全體被拋售的債券。

第二天，當英軍大獲全勝捷報一來，債券價值一飛沖天，南森的投資回報率高達20倍。南森是英國最大債權人，主導英國今後公債的發行量及價格，英國的經濟命脈，自此緊緊地握在羅斯柴爾德家族手中。

替英國買下蘇伊士運河

1875年，埃及國王因缺少資金，打算把他的蘇伊士運河股票賣給法國政府，但對法國提出的價格不滿意，埃及國王願意以400萬英鎊價格賣給其他國家，羅斯柴爾德銀行立即提供400萬英鎊給英國政府，搶先買下這批股票。自此，英國控制蘇伊士運河，帶來巨大的政、軍、經利益。羅斯柴爾德家族成為全國的英雄。

推動以色列建國的大金主及幕後推手

羅斯柴爾德家族心中有兩大榮譽：「我是羅斯柴爾德家族，我是猶太人。」提供600萬美元資金，給巴勒斯坦早期猶太移民定居、購買土地和生產設備。推動以色列建國計劃，1948年，以色列建國成功。哈伊姆‧魏茲曼出任第一任總統，他是世界猶太復國主義領導人、魏茲曼科學研究所創建人，現代工業發酵技術之父。

以色列第一任總統
哈伊姆・魏茲曼（Chaim Azriel Weizmann, 1874–1952）
5 Sheqalim，1978年版

　　19世紀，是羅斯柴爾德世紀，透國英國銀行，改變全球金融體系，擁有全球第一的資產。

　　這個最富有、最具權勢的金融家庭，也掌控著美國新大陸。

　　1791年，族長梅耶・羅斯柴爾德，獲得特許權20年，建立美國第一家銀行。

　　1811年，國會投票反對延長特許權時間。

　　1812年，英國在南森的資助下，向美國宣戰。英國雖未能贏得戰爭，但卻讓美國欠下大筆戰爭債務，不得不延長羅斯柴爾德家族的銀行特許權。

　　1816年，美國第二銀行成立，且獲得20年特許權。羅斯柴爾德家族如期獲得美國的銀行。

　　1832年，美國總統安德魯・傑克遜認清這個嚴重性，連任競選口號推出：傑克遜和無銀行（Jackson and No Bank!）。要從羅斯柴爾德手中奪回金融體系控制權。

　　1836年，判定特許權不能繼續展期，將羅斯柴爾德的中央銀行趕出美國。

1845年，傑克遜總統終於勝利。傑克遜總統去世前，發表他最偉大的成就：「我消滅了羅斯柴爾德銀行。」

　　輝煌的19世紀家族，蕭邦和羅西尼為這個家族譜寫過樂曲。德國詩人海涅說：「金錢是我們時代的上帝，而羅斯柴爾德則是上帝的導師。」

美國第7任總統
安德魯・傑克遜（Andrew Jackson, 1767–1845）
20 Dollars，2009年版

　　1865年，羅斯柴爾德家族出現判斷失誤，認為美國經濟不會大幅度發展，把美國分行撤銷。這是致命失誤，導致摩根家族興起。羅斯柴爾德家族在一戰和二戰中損失慘重，加上歐美的各大銀行紛紛上市籌集大量資金，羅斯柴爾德卻還局限在自有資金，逐漸落伍。

　　但生意已做250多年的羅斯柴爾德家族，實力仍然存在一片天，前幾年中國大陸的吉利汽車收購VOLVO，羅德柴爾德家族就是其背後的支撐。

2.06日本鐵血宰相——伊藤博文

　　日本近代政治家，首任日本首相，一生推動日本現代化，確立天皇制度，被譽為「明治憲法之父」，確立日本東亞霸權和世界強國地位。四度出

任首相組閣，對外侵略朝鮮並發動中日甲午戰爭，戰後強迫中國簽訂《馬關條約》，占領臺灣、統治朝鮮，是日本人心中的英雄。

日本政治家
伊藤博文（Hirobumi Ito, 1841-1909）
1000圓，1963年版

兩位東方俾斯麥各領風騷，成就卻大不同

　　李鴻章、伊藤博文各被稱爲中國和日本的俾斯麥，1861年李鴻章推動洋務運動，1869年伊藤博文領軍明治維新。李鴻章、伊藤博文都先後朝聖德國鐵血宰相俾斯麥。俾斯麥斷言：「中日競爭，日本必勝，中國必敗。」歷史印證了他的預言。1894年中日甲午戰爭，中國慘敗。

　　預言有所本，日本人到歐洲，討論各種學術，講究政治原理，以謀根本改造，而中國人到歐洲，只問「船砲造得如何？價格多少？」買回去後就不再過問；中國派到歐美的200多位留學生全是學習軍事和工程技術，一味學習船堅砲利及翻譯，沒人學習西方政治、經濟、文史的眞正內涵，反觀日本深入考察歐洲各國體制，引進歐美政、經、教、工業生產技術和設備，大力推行「脫亞入歐」。兩位東方俾斯麥，因思維不同，造就出強弱不同的國家。

喝酒文化決定日本國體

在法國晚宴，法國代表都牛飲紅酒，隔天洽商誤時、誤事。在英國晚宴，英國代表都淺酌威士忌，隔天準時洽商。經由不同的喝酒文化，伊藤博文認定英國的體制優於法國，所以回國後將日本的社會規範，完全參照英國，這也是日本和英國一樣右駕的來源。

同樣遇刺命運不同

中日甲午戰爭後，日本指定李鴻章代表清朝簽訂喪權辱國的馬關條約，會談中，李鴻章堅持，日本必須先行無條件停戰再和談，但日本拒絕，三次會談後仍無結果，李鴻章在回飯店路上，遭受日本偏激份子槍擊，左頰中彈，子彈留在左眼下一寸，官服濺血，73歲的李鴻章道出：「此血可以報國矣！」伊藤博文聞訊後怒道：「這事件，比日軍一兩個師團的潰敗還要嚴重！」

日本為了對世界交待，馬上宣布無條件停戰，進行馬關條約簽定，如果沒有李鴻章遇刺受傷事件，馬關條約的內容殺傷力會更大。李鴻章因禍得福，以身護國將功補罪。

伊藤博文的遇刺就不同，為了解決日俄爭端，親赴清朝的哈爾濱和俄國談判，在哈爾濱車站，不幸被韓國義士安重根連發七槍結束轟轟烈烈的一生。

2.07南斯拉夫元帥 —— 狄托

巴爾幹半島的南斯拉夫，處在東、西羅馬帝國交界，經過伊斯蘭及鄂圖曼土耳其的同化，使此地民族、生活、文字、語言有極大差異，人文、建築藝術也呈現不同風貌。

南斯拉夫素有「七條國界、六個共和國、五個民族、四種語言、三種宗教、二種文字、一個國家」之稱。因矛盾、衝突及複雜性，巴爾幹半島有歐洲火藥庫之稱。

第一次世界大戰的引爆點

第一次世界大戰（1914年–1918年） 的導火線，就發生在波赫首都塞拉耶佛的拉丁橋附近，塞爾維亞民族主義者加夫里洛‧普林西普在此地連開兩槍，暗殺奧地利皇儲弗朗茨‧斐迪南大公和夫人，引爆出第一次世界大戰。

西元2003年，建國75年的國家解體成七國

1929年至2003年之間，巴爾幹半島上數個小國組成南斯拉夫。

南斯拉夫英雄約瑟普‧狄托凝聚各民族，在二戰期間，與德國、義大利作戰，走過艱辛、光榮的戰鬥終於獲得勝利。在歷史上，狄托成為首位將巴爾幹半島上斯拉夫民族整合統一的英雄。

1946年起，執政35年的總統、總理、南斯拉夫元帥，以社會主義取代民族主義，主張各族平等。南斯拉夫各族在狄托統治下融洽相處，更成為不結盟組織的領導國。

1980年，狄托死後，政治影響力仍延伸到90年代後，南斯拉夫種族問題逐漸深化，東歐劇變和蘇聯解體，更加速各民族主義崛起，爭取自治和獨立。

1992年到2003年間，南斯拉夫各民族紛紛獨立建國，導至國家解體成七個小國：斯洛維尼亞、克羅埃西亞、波士尼亞和赫塞哥維納、馬其頓、蒙特內哥羅、塞爾維亞與科索沃。

2003年以後，曾經發光發亮的南斯拉夫，雖然有約瑟普‧狄托終身全力用心的整合強化，卻因民族主義全面崛起，無奈只能解體分崩成為歷史名詞。

Glamis Castle

南斯拉夫總統
約瑟普・狄托（Josip Broz Tito, 1892–1980）
500 Sylis，1980年版
此為《狄托元帥訪問幾內亞》流通紀念鈔

2.08 叢林詩人 —— 帕特森

澳洲詩人、作曲家和記者安德魯・巴頓・帕特森，創作詩歌《華爾滋馬蒂爾達》，凝聚澳大利亞的民心，成爲澳洲非正式的國歌。2000年雪梨奧運，以他的長詩《雪河男子漢》拉開序幕。

展現澳洲民族特有性格

澳洲很少有人能記住國歌歌詞，但卻幾乎所有人都能激情地唱完《華爾滋瑪蒂爾達》（Waltzing Matilda，捲著鋪蓋去流浪）。此曲用澳洲自己的語言，講述先人的故事，展現出澳洲獨有的性格，是澳大利亞的象徵。送親人上戰場，歡迎親人凱旋時都會唱這首歌。2000年雪梨奧運會就以此曲閉幕。

《華爾滋瑪蒂爾達》敘述19世紀時，一位捲著鋪蓋流浪打工的工人，在叢林桉樹下水塘邊燒水喝茶，順道偷走在水塘旁飲水的小羊，最後羊主人與

警員找到他，流浪漢卻寧可投水而亡也不願被捕，死後靈魂仍流連在水塘邊歌唱。這首民歌唱出民族特色，寧死也要保有自由。被用來鼓舞士氣，表達思鄉，凝聚澳大利亞民心的代表歌曲。

經典名作《來自雪河的人》

帕特森文學作品《來自雪河的人》被拍攝成電影，是澳大利亞的經典作品。描寫來自雪河一位小夥子的傳奇：一匹名貴的馬逃掉了，主人懸賞尋回此駿馬。騎士們都趕到，嘗試將駿馬從野馬群中捕獲。來自雪河小夥子，騎著小馬也來到。騎士們嘲笑他和他的小馬。當野馬群奔到陡峭山崖時，所有騎士都勒住馬韁，只能眼看馬群遁入林中。這位來自雪河被嘲笑的小伙子，卻獨自一人飛奔向前，衝下山崖。眾騎士驚訝地看他遠去，最後小伙子終於獨自一人把駿馬找回來。雪河男子漢傳奇故事就此傳誦不已。

澳大利亞作曲家
安德魯・巴頓・帕特森（Andrew Barton Paterson, 1864–1941）
10 Dollars，2002年版

2.09電話發明人 —— 貝爾

1876年，蘇格蘭裔發明家亞歷山大·貝爾和助手華生，兩人各在一房間內，正要落實構思：「如果人們對著一塊鐵片說話，聲音將引起鐵片振動；若在鐵片後面放上一塊電磁鐵，鐵片會產生大小不同的振動，勢必在電磁鐵線圈中產生時大時小的電流。這個波動電流會沿電線傳向遠端，在遠端的相同裝置上，就會發生出同樣的振動頻率，發出同樣的聲音。」

此時貝爾不小心打翻一瓶酸性溶液，濺到腿上，疼得叫喊：「華生先生，我需要你，請到我這裡來！」此段話正巧落實構思，成為電話機的第一句話。

電話落實商業化

1877年貝爾、荷本、桑德斯、華生共同組成貝爾電話公司。到1878年6月僅賣出電話100多部，數量不多，主因是新產品而且性能不完美。

1879年，貝爾離開貝爾電話公司，不久華生也離開。

1880年，法國因貝爾在電學上的成就，授予伏特獎和法國榮譽勳位勳章。

1883年，貝爾被選為美國科學院成員。

1913年，英國皇家學會頒發給他休斯獎章。婚姻美滿、生活富裕。

1915年，愛迪生將電話系統不斷地改良。美國東西兩岸，終於可以通話。

為了感謝貝爾發明電話，制定噪音強度叫分貝（分貝是貝爾的十分之一）。

電話發明一百多年後才確認發明人

1876年貝爾、葛瑞、愛迪生都提出電話專利申請，為專利權打官司，最先研發，卻沒錢申請專利的安東尼奧·穆齊也加入爭取。事實上在發明電話的過程中，大多數的研究工作都是由愛迪生與其他科學家完成的，貝爾只是將其中的一個零件轉動四分之一，以改變電流的強度，使電話能真正運用於

生活中，最後法院判決：雖然愛迪生等科學家完成大多數發明電話的工作，可惜他們並未堅持到底，半途放棄。但是貝爾卻沒放棄。貝爾因而獲得專利權。

直到100多年後，2002年美國國會更改判決，確認安東尼奧‧穆齊才是電話真正發明人。

蘇格蘭發明家
亞歷山大‧格拉漢姆‧貝爾（Alexander Graham Bell, 1847–1942）
1 Pound，1997年版

2.10 學習之神 —— 二宮尊德

二宮尊德又稱二宮金次郎，日本江戶時代後期日本土地改革家。

日本教科書：「砍柴又搓繩，草鞋做不停；父母好幫手，幼弟照料勤；兄弟友愛深，雙親盡孝心；二宮金次郎，世人好典型」，描述尊德幼年時期的艱苦生活及其操行。尊德後來成為大官，建議當時的藩主減少年貢十年，並從鄰藩招攬農民，建造農用道路和渠道，引入新型肥料，借貸種子給農民，推行教化政策，教導農民節約勤勉。成功振興農業，使得尊德聲名大噪。

全日本最多的雕像

　　明治天皇追認其「豐功偉績」列爲典範人物，並將其「典故」編入教科書。他的銅像豎立於日本全國小學，被稱爲學習之神，藉以鼓勵學生勤勉爲學。日本小學都有二宮金次郎的雕像，被譽爲「全日本最多的雕像」。

　　二戰末期，日本因資源缺乏，這些銅像大量被徵收，熔鑄做爲砲彈之用。日據時期在臺灣的公學校，也都立有尊德幼時背柴疾行、捧書低頭閱讀的銅像，作爲學生的榜樣。臺灣光復後，政府以孔子像替代，作爲教育典範。現今臺灣只有花蓮瑞美國小仍有二宮尊德塑像。

日本土地改革家
二宮尊德（Ninomiya Sontoku, 1787–1856）
1 圓，1946年版

2.11 俄羅斯和平締造者 —— 亞歷山大三世

　　俄羅斯帝國歷史上有三位偉大沙皇：第一位是通過改革引領俄國走上強國之路的俄羅斯帝國之父彼得一世。第二位是使沙俄疆域極速擴大又進行開明專制的葉卡特琳娜大帝。第三位是廢除農奴制實現俄國中興，被譽爲解放

者和最後的偉大沙皇的亞歷山大二世。他對外奪取中亞和中國的大片領土，對內鼓勵科技和文化，進行司法改革，廢除農奴制，對俄國歷史影響深遠。但改革卻引發革命，革命組織民意黨進行第七次暗殺，使他遇襲身亡。

亞歷山大三世娶嫂為妻

1865年，亞歷山大二世長子皇儲尼古拉死於肺癆，離世前囑咐二弟亞歷山大三世，代替自己娶未婚妻丹麥達格瑪公主為妻。於1866年結婚。

1881年，亞歷山大二世遭民意黨人扔炸彈襲擊去世，36歲的次子亞歷山大三世繼位，成為俄羅斯帝國的第十三位皇帝。

俄羅斯和平締造者

亞歷山大三世即位，啟動反腐敗改革，實施地方長官制，防止地方分權。統治時期國內沒有戰爭且和平穩定，是俄羅斯帝國後期最繁榮的時期，被譽為和平締造者。在位期間是俄羅斯工業化的時代，小麥和糧食產量達到世界糧食總產量的15％。黑麥產量達到了全世界總產量的55％。帝國黃金儲備量增加了210％，國家財政增加了9倍。同時期英國的生產總值只增長2.5倍、法國2.6倍。使俄羅斯海軍上升成世界第三名，僅次於英國和法國。俄羅斯海軍艦隊總噸位的達到30萬噸，是世界上最大的海軍艦隊。

亞歷山大三世晚年，由長子尼古拉二世監督建造西伯利亞鐵路，連接莫斯科和海參崴（1891年動工，1916年完工）。

俄羅斯皇帝
亞歷山大三世（Alexander III, 1845–1894）
25 Rubles , 1909年版

亞歷山大三世是俄羅斯沙皇，創造帝國後期最繁榮的時期，被譽爲和平締造者。處死列寧兄長，成爲兒子全家滅門血案的肇因。

1887年，逮捕準備刺殺沙皇的民意黨刺客。亞歷山大三世對懺悔罪者實行赦免，有五名民意黨徒拒絕懺悔，主動走上絞刑架，其中包括列寧胞兄。

1894年，亞歷山大三世逝世，尼古拉二世繼位。

綜觀亞歷山大三世在位時，可說太平盛世，國富民強，在歷史少見，然其子尼古拉二世繼位，發生第一次世界大戰，德俄交戰，繼而俄國大革命，俄皇被迫退位，王朝結束，更悲慘的是王室被滅門。對照起來，亞歷山大三世這一代，可說是王朝「暴風雨前的寧靜」。

巴黎最美麗的橋──亞歷山大三世橋

1892年，法俄同盟，由俄國末代沙皇尼古拉二世贈送一座橋梁，作爲法俄親善的禮物，以父親亞歷山大三世名字爲橋名。

亞歷山大三世橋是法國巴黎跨越塞納河的一座拱橋，連接右岸的香榭麗舍大街地區和左岸的榮軍院和艾菲爾鐵塔地區。17米高立柱上有四尊鍍金青銅雕像，右岸兩座立柱上，有象徵「科學」和「藝術」的雕像，平臺上是「當代法國」和「查理曼的法國」像；左岸立柱上是「工業」與「商業」，

平臺上是「文藝復興的法國」和「路易十四的法國」。

這座金碧輝煌的橋成為全巴黎最美麗的橋，這是亞歷山大三世留給世人最好的禮物。

列寧

著名的馬克思主義者、革命家、思想家。俄國共產黨創立者，蘇聯的主要建立者和第一位最高領導人，發展馬克思主義，形成了列寧主義理論。

列寧在1887年因兄長被處死，決定走另一條路， 1917年發動10月革命，沙皇王朝被推翻。列寧逮捕殺兄仇人的兒子尼古拉二世全家，更造成滅門慘案。

蘇聯國際共產主義領袖
弗拉基米爾·伊里奇·列寧（Vladimir Ilyich Lenin, 1870–1924）
50 Rubles，1991年版·

Chapter 3

名人共同體

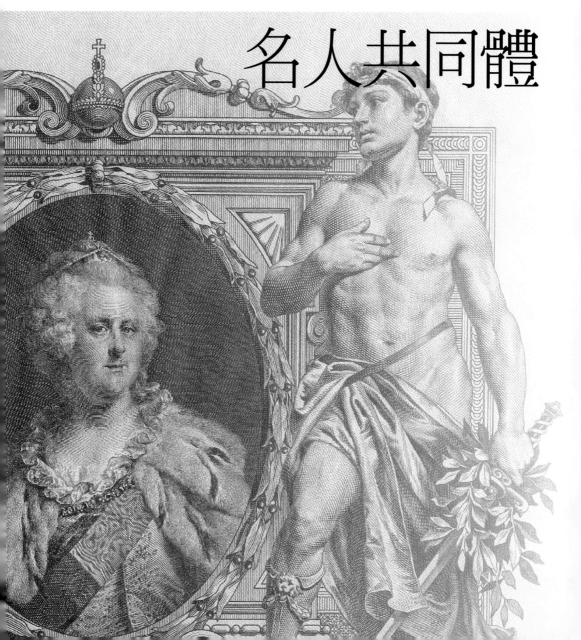

3.01 拉美雙雄

　　物產富饒的拉丁美洲，有一座被稱為「地球中心」的厄瓜多爾赤道紀念碑，有一座解放者西蒙・玻利瓦爾紀念碑及另一座萬古不朽的聖馬丁將軍紀念碑，聳立在拉丁美洲大陸上，述說著拉丁美洲人們千辛萬苦奮鬥得來不易的獨立歷史，更重要的是，啟發拉丁美洲人民要創造更美好的未來。

解放者——西蒙・玻利瓦爾

　　畢生致力南美洲獨立解放，先後把玻利維亞、哥倫比亞、厄瓜多爾、委內瑞拉、巴拿馬、祕魯等六國解放，結束西班牙300餘年的殖民統治。一生志向：「不打碎西班牙殖民者束縛我祖國的枷鎖，心將不安寧，手將不倦地打擊敵人！」三起三落，三次在祖國委內瑞拉建立共和國，被授予「解放者」光榮稱號。一生參加過大小472次戰役，被稱為「南美的華盛頓」。

委內瑞拉總統
西蒙・玻利瓦爾（Simon Bolivar, 1783–1830）
10000 Bolivares, 1998年版

　　不過玻利瓦爾仍有缺失，他引發革命，也導致內戰。將革命火種散播整個南美大陸，然而大火過後，政治目標卻未能徹底實行，奴隸制仍然存在，

農民也未得到土地。把南美洲另一位領袖聖馬丁，排擠出革命陣營，讓革命蒙受重大損失，漸失去群眾基礎，1830年辭去總統職務，同年12月病死。

急流勇退的「南美解放者」——聖馬丁

被祕魯、智利、阿根廷三個共和國，共尊為「祖國之父」和「自由的奠基人」。將南美洲南部，從西班牙統治中解放，阿根廷將軍、殖民地獨立戰爭的領袖。

1822年，兩位英雄——玻利瓦爾和聖馬丁，在瓜亞基爾港會面，會談後返回祕魯，聖馬丁辭去護國公之職，悄然引退。

聖馬丁把畢生奮鬥的勝利果實，主動拱手讓與玻利瓦爾，受世人讚揚：「一個在歷史上舉世無雙的靈魂！」

聖馬丁曾說：「我並不尋求榮譽」、「我的劍絕不為爭權奪利而出鞘」、「只要祕魯和整個拉丁美洲真正獨立，我將遠遠地離開這裡。」

有位詩人寫過一首詩：南美永遠盛開的蓓蕾——聖馬丁，最能使你萬古不朽的，就是你的激流勇退！

阿根廷民族英雄
荷西・德・聖馬丁（José de San Martín, 1778–1850）
50 Pesos，1976-78年版

西方有句話：「上帝不能太偏愛拉美，既然它已經擁有了豐富的資源、肥沃的土地和適宜的氣候，那就給它一個無能的政府吧。」

進行17年，犧牲100多萬人生命的解放戰爭，雖然建立共和制度，但拉丁美洲各國社會經濟結構並沒有改善，只因舊勢力仍存在，經濟仍然停滯，各國政府仍陷於文人與軍人交替執政狀態，社會貧困、貪污嚴重。在兩位英雄的心中，奮鬥所要建立的祖國美景並非如此。拉丁美洲人民要覺醒！唯有再度共同攜手奮鬥，才能建構出更完善的國度。

3.02 日本兩次革新

兩次政治文化的革新，讓日本由草昧走向文化，再由文化走向現代化。分別是大化革新和明治維新。這群推動變革的人物，在日本歷史上永遠令人景仰。

大化革新

建構出日本特有的思想、語言、文字、雕刻、美術、音樂，使日本完全脫胎換骨，由「草昧」走向「文化」。

聖德太子

是日本歷史上無可取代的英明政治家。「日本」這個國號是他命名的，「天皇」這個尊稱是他取的，日本人尊稱他「日本文化的恩人」，運用顏色管理制定官階，確立以天皇為中心的中央集權。派遣隋使、遣唐使、遣新羅使為日本吸收新文化、新制度。如果說孔子是中國文化唯一聖人，聖德太子就是日本文化不二賢者。

他派遣隋唐使、留學生及學問僧、遣新羅使吸收中韓典章文物制度，日本由中央到社會全盤改制，日本文明向前邁進一大步，史稱「推古朝改新」。

他運用顏色管理制定「冠位十二階」，區分出貴族和官員的等級。頒布《十七條憲法》，闡明君臣關係並確立天皇的中央集權，牽制地方諸侯的

權利，奠定日本往後千餘年國體傳統的基礎。制定曆法、編修國史，推定出日本大和民族自神武天皇以來的各天皇所建立朝代年鑑及歷史事蹟，使日本有一本完整的歷史年鑑。廣蓋佛寺、推廣佛法建立日本文化的基礎。攝政時期內，造紙術被引進到日本皇室，聖德太子下令推廣全國，人民稱他為「紙神」。

　　西元622年，聖德太子逝世，生前派出的遣使團有些留下20、30年，歷經隋、唐兩代，有系統學習完整的文物制度典章，帶回日本積極推動，為日本文化、社會發展作出重大的貢獻，建構出日本特有的思想、語言、文字、雕刻、美術、音樂，使日本完全脫胎換骨，並培育出日本古代史上最重要的政治變革——大化革新。

日本政治家
聖德太子（Shotoku Taishi, 574–621）
1000 圓，1958年版

明治維新

　　1854年，美國海軍准將馬休·佩里率艦隊駛抵江戶附近的浦賀，利用武力打開日本國門。

　　與西方重新接觸後的日本，感受到相當程度上的落後，於是展開一場全國性的「倒幕尊皇」。

1868年，末代將軍德川慶喜主動大政奉還，開始明治天皇明治維新。摒棄封建體制，引進西方的政治體制。在政、經、軍改革下，實力逐漸增強，開始武力擴張。日本維新走向現代化。推動明治維新的人物如下：

岩倉具視：日本政治家，策劃王政復古，讓明治天皇即位。

　　1871年－1873年間，帶領政府官員（包括大久保利通、木戶孝允、伊藤博文）及留學生等共107人使節團，到美國及歐洲諸國訪察，讓使節團成員意識到日本的落後，對進行變革形成共識，引進西方技術與理念，促進日本成為亞洲強國。

日本政治家
岩倉具視（Iwakura Tomomi, 1825–1883）
500 圓，1969年版

　　福澤諭吉：日本近代教育之父，創立慶應大學，日本明治時期「脫亞入歐」宣導者。

　　主張學習歐美、爭霸亞洲，著作《勸學篇》當時在日本人手一本，反對封建社會的身分制度。思維充滿獨立自尊、高尚日本人的軍國主義，至今仍是日本人內心深處的民族性。1984年日本發行三張日圓鈔票，2004年更改其中兩張，5000日圓由倡導武士道精神的新渡戶稻造，改為發揚日本文學的樋

口一葉。1000日圓從文學家夏目漱石，改為醫學家野口英世，而10000日圓的福澤諭吉，卻保留不變，可見日本對明治維新的重視，大日本思維的用心。

日本教育家
福澤諭吉（Fukuzawa Yukichi, 1835–1901）
10000圓，2004年版

板垣退助：日本教育家，日本明治維新的功臣之一。日本第一個政黨
——自由黨的創立者。

1881年，創立自民黨，日本政治史上第一個政黨，倡導主權在民、以農村部落為主展開活動。

1882年，在岐阜縣演說時，遭人刺殺而負傷，曾大喊「板垣雖死，自由不滅」。但之後板垣並沒有追究，反而上奏明治天皇請求特赦兇手，兇手之後親身向板垣謝罪。

1914年3月（大正3年）應林獻堂之邀，來臺灣發表演說，參與臺灣同化會成立事宜。

1914年11月，再度來臺，1914年12月參加臺灣同化會創立典禮，板垣被推舉為總裁。

現今，日本國會前還有板垣退助銅像，以紀念這位日本民權運動家。

日本政治家
板垣退助（1837–1919）
100 圓，1953年版

　　伊藤博文：日本近代政治家，首任日本首相，一生推動日本現代化，確立日本天皇制度，譽為「明治憲法之父」，確立日本東亞霸權和世界強國地位。

　　四度出任首相組閣，對外侵略朝鮮並發動中日甲午戰爭，戰後強迫中國簽訂《馬關條約》，占領臺灣、統治朝鮮，是日本人心中的英雄。

日本政治家
伊藤博文（Hirobumi Ito, 1841-1909）
1000 圓，1963年版

3.03 俄羅斯兩位大帝

　　從10世紀基輔羅斯開始，俄國就走著一條不同於歐洲，也不同於亞洲的獨特發展道路。

　　18世紀沙皇彼得一世、葉卡特琳娜二世時代，及19世紀亞歷山大一世和亞歷山大二世時代，到20世紀初的革命。俄國的統治者和革命者，始終致力於探索一條適合俄國國情的道路。19世紀俄國詩人丘特切夫說過：「用理性不能瞭解俄羅斯，一般標準無法衡量它，在那裡存在的是個特殊的東西。」這個「特殊的東西」是什麼呢？數個世紀以來，在俄國哲學家、歷史學家、作家，和藝術家們把它解釋成「俄羅斯精神」、「俄羅斯性格」和「俄羅斯道路」。

　　19世紀前，俄羅斯幾乎找不到著名的文學家，在19世紀的百年中，俄羅斯卻人文鼎盛，成為俄羅斯文學的黃金時代，究其原因就是俄羅斯兩位大帝提供豐富的土壤所成就出來，因有繁榮的文化促成俄羅斯國力進步神速。

彼得大帝──俄羅斯帝國的「秦始皇」

馬克思說：「18世紀兩個偉大帝王，中國的康熙大帝，和俄國的彼得大帝。」彼得一世帶領俄羅斯全盤西化，派出250人歐洲考察團，到德國、荷蘭、英國等國學習西方的科學、機械、造船、航海、武器和科技知識，自身更化名隨團而行。禮聘700多位西方專家、文藝人士到俄羅斯，實施全面性改革。

對內振興文化、發展經濟、改革幣制、制訂法律，實施中央集權、推行教育改革、削弱貴族權力，開辦軍事學校、擴大海軍、積極興辦工廠、簡化斯拉夫字母、創辦報紙、建立科學院，強力發展工業與教育帶領俄國步入強國之林。

1712年遷都聖彼得堡。與瑞典、土耳其交戰，爭奪到亞述海、芬蘭灣，獲得黑海、波羅的海的出海口，替帝國打下堅實基礎。

1721年，被尊稱為「大帝」和「祖國之父」。俄國正式改稱「俄羅斯帝國」。

俄羅斯帝國沙皇
彼得大帝（Peter the Great, 1672–1725）
500 Rubles，1912年版 275x128mm
（世界最大張的鈔票）

凱薩琳大帝──俄羅斯帝國的「武則天」

凱薩琳二世是德國北部小邦的公主。1744年嫁給俄羅斯王儲彼得三世，在丈夫即位一年後，發動宮廷政變推翻丈夫自立為沙皇，成為凱薩琳二世（葉卡特琳娜二世）。

在位34年，文治武功和彼得大帝相提並論，稱為凱薩琳大帝。主政時期是俄國擴張和成熟期。

瞭解「依法治國」是俄羅斯強大的良方，和法國哲學家伏爾泰、狄德羅交往密切。制定法律，實行開明專制的法治主義，修改中央與地方的司法與立法制度。1768年，和鄂圖曼土耳其戰爭，占領黑海出海口克里米亞半島，西推到巴爾幹半島，使俄國船隊，能通過博斯普魯斯海峽和達達尼爾海峽，實現彼得大帝沒能實現的夢想。

聯合普魯士、奧地利三次瓜分波蘭，攫取波蘭62%的領土，滅亡波蘭共和國建立殖民統治。統治力量逼近歐洲中心地帶。修築軍事堡壘，蠶食高加索，侵入中亞北部哈薩克草原。

在位時期，俄國軍隊佔領北美洲最北部阿拉斯加，還在加利福尼亞建立殖民地。

葉卡特琳娜二世在位期間，實施11年的「開明專制」，此政策在歐洲贏得了一片稱譽之聲。1767年，新法典編纂委員會通過授予葉卡特琳娜二世「英明偉大的皇帝和國母」稱號，被尊稱為「大帝」，在俄國歷史上被授予「大帝」稱號，只有彼得一世和葉卡特琳娜二世。

俄國女皇
葉卡特琳娜二世（Catherin the Great 1729–1796）
100 Rubles，1910年版

3.04 小而強兩國度

以色列——智慧深如謎的猶太民族

　　猶太人口1600萬，占全球人口不到0.25％，卻獲得全球27％的諾貝爾獎。人口占不到美國人口的3％，愛因斯坦、愛迪生等天才都來自這個民族，又例如：蘋果賈伯斯、臉書馬克祖克柏、微軟比爾蓋茲、Fed主席葉倫、氫彈之父泰勒、抗生素之父魏克斯曼等都是猶太人。

　　在猶太家裡，當小孩長大有個儀式：父母親打開聖經，滴上一滴蜂蜜，叫小孩吻聖經上的蜂蜜，用來教導小孩，說明書是甜的，要小孩養成看書的習慣。有統計指出14歲以上的以色列人平均每月讀一本書，450萬人口的以色列，有借書證的就有100萬人，人均讀書比例是世界之最。

　　以色列是中東地區唯一已開發國家。擁有「世界第一商人」的桂冠。

　　世界前400名億萬富豪中有60人是猶太人，占總數的15％。除了美國與加拿大以外，以色列擁有最多的那斯達克（NASDAQ）上市公司。

「世界的錢，裝在美國人的口袋裡，而美國人的錢，卻裝在猶太人的口袋裡。」

公元前，猶太王國分裂爲兩國，北國以色列，南國猶大。公元前722年，以色列亡於亞述國。

公元前586年，南國猶大亡於巴比倫國。

對沒有祖國而流離失所的猶太民族，《聖經》和猶太教宗教生活準則的《塔木德經》就是祖國。猶太民族依靠自身的智慧和堅忍的精神，頑強地生存發展，借助大國的支持，和猶太富豪的贊助，亡國近2000年的猶太民族，1948年終於在巴勒斯坦建構出一個猶太國家。

以色列醫學家、法學家（猶太人）
拉比·摩西·邁蒙尼德（Rabbi Moses Maimonides, 1135–1204）
1 Sheqalim，1983年版

世界10大哲學家中有8人是猶太人。馬克思、佛洛伊德、愛因斯坦、孟德爾松、畢卡索、埃爾利希、蘭德施泰納，還有「原子彈之父」奧本海默都是猶太人。

無怪乎希特勒甚至把物理學，稱爲猶太物理學。猶太民族的智慧令人敬畏！

卡爾‧馬克思：哲學家，著作《共產黨宣言》和《資本論》。

德國哲學家（猶太人）
卡爾‧馬克思（Karl Marx, 1818–1883）
100 Deutsche Mark，1975年版

阿爾伯特‧愛因斯坦：科學家，質能方程式（$E = mc^2$）的發現者。

以色列科學家（猶太人）
阿爾伯特‧愛因斯坦（Albert Einstein, 1879–1955）
5 Lirot，1968年版

西奧多‧赫茨爾：猶太作家西奧多‧赫茨爾，1896年出版《猶太國》一書，發表「重建猶太人的民族國家才是唯一出路」，為「世界猶太復國主義」奠定理論基礎。1897年8月首屆猶太復國會議在瑞士巴賽爾召開，通過巴塞爾綱領，爭取在巴勒斯坦，為猶太民族建立一個有法律保障的家園。

西奧多‧赫茨爾成為猶太復國領導人，從此「復國」成為全球猶太人奮鬥的目標。

1947年，聯合國通過巴以分治決議，規定次年英國委任統治結束後，成立阿拉伯國和猶太國，巴勒斯坦實行分治。

1948年，猶太人領袖本‧吉里安在特拉維夫博物館宣讀「獨立宣言」，以色列終於誕生。

以色列作家
西奧多‧赫茨爾博士（Theodor Herzl, 1860–1904）
100 Sheqalim，1978年版

戴維‧本‧古里安：以色列國父，第一任總理，執政15年。在長達30年時間裡，一直是猶太民族的領袖。1948-1954年、1955-1963年擔任以色列總理，任內發生第一、第二次中東戰爭。

以色列國父
戴維・本・古里安（David Ben-Gurion, 1886–1973）
50 Sheqalim，1978年版

群雄護國 打贏中東戰役

　　猶太人在巴勒斯坦建立猶太國家，激起阿拉伯世界抗議。

　　從1948年到1982年，以色列和埃及、敘利亞等周圍阿拉伯國家，進行五次大規模中東戰爭，以色列都戰勝，主因在人民心中有個堅定信念，在惡劣危險的環境中只有「生存或滅亡」。

　　五次中東戰爭結束後，以阿雙方認知武力並不能徹底解決問題，走向和平談判道路。

　　以色列和埃及、約旦、卡達、安曼、摩洛哥、突尼西亞等國已互設外交使館。

　　但至今中東地區更為混亂，和平似乎更為遙遠，某些地區更已成恐怖主義的溫床。

　　內閣制國家的以色列，從建國以來，歷任總統及總理們群策群力、千辛萬苦保衛國家，主要目標就是要將以色列建設成聖經所言：「成為一個幸福受到許諾的地方」。

以色列第二任總理
摩西‧夏里特
（Moshe Sharett, 1894–1965）
20 New Sheqalim，2008年版
以色列政治家，以色列建國後
首任外交部長，任期在戴維‧
本‧古里安兩任總理之間。

以色列第三任總理
列維‧艾希科爾
（Levi Shkolnik, 1895–1969）
5 Sheqalim，1984年版
任內爆發第三次中東戰爭
（六日戰爭），致力開發以
色列南部沙漠地區，安置大
批猶太移民。

以色列第四任總理
果爾達‧梅爾
（Golda Meir, 1898–1978）
10 New Sheqalim，1992年版
以色列的「鐵娘子」，任期內爆
發第四次中東戰爭。

以色列第一任總統
哈伊姆‧魏茲曼
（Chaim Azriel Weizman, 1874–1952）
5 Sheqalim，1978年版
世界猶太復國主義領導人、魏茲曼科學
研究所創建人、現代工業發酵技術之
父。

以色列第二任總統
伊札克‧本—茲維
（Itzhak Ben-Zvi, 1884-1963）
100 New Sheqalim，1995年版
歷史學家，以色列任期最長的總統
（1952–1963年），奠定政治、經
濟和軍事體制的基礎。

以色列第三任總統
扎勒曼‧夏扎爾
（Shazar Zalman Robshov, 1889–1974）
200 New Sheqalim，1994年版
一位作家、詩人。曾擔任報紙總編輯、
教育部長等職務。

智慧民族 人才輩出

21世紀的現在，美國和以色列是猶太人主要生活地區，猶太人在世界各地發光發熱，以色列經常被稱為是第二個矽谷。

猶太人家裡的書架，一定要放在床頭，以示對書本和知識的尊重，從不焚書，即便是攻擊猶太人的書。

猶太人一生總帶著兩本書：《聖經》和《塔木德經》。

塔木德經是猶太教宗教生活準則，濃縮猶太人千年智慧經典。

神奇的智慧創造出傲人的民族，孕育出不少創新性的科學家、哲學家、作家等，使猶太文化，在世界發出無比光芒。

B340214748

1000

以色列小說家
約瑟夫‧阿格農
（Shmuel Josef Agnon,
1888–1970）
50 New Sheqalim，1998年版
著名小說家，1966年諾貝爾文學
獎得主。

以色列學者
西蒙‧蒙蒂菲奧里
（Simon Sebag Montefiore）
10 Lirot，1973年版
作品被翻譯成三十五種語言，
代表作《耶路撒冷三千年》。

以色列詩人
沙烏爾‧特切爾尼喬夫斯基
（Shaul Tchernichovsky,
1875-1943）
50 New Sheqalim，2014年版
俄羅斯出生偉大的希伯來詩人。

以色列詩人
納坦‧奧爾特曼
（Nathan Alterman,
1889-1970）
200 New Sheqalim，2015年版
以色列詩人、劇作家、記者和
翻譯家。

德國科學家
保羅‧埃爾利希（猶太人）
（Paul Ehrlich, 1854–1915）
200 DM，1996年版
1908年諾貝爾生理學或醫學獎得
主。阿斯匹靈發明人，發明砷凡
納明治療梅毒。

奧地利免疫學家
卡爾‧蘭德施泰納（猶太人）
（Karl Landsteiner, 1868–1943）
1000 Schilling，1997年版
血型的發現者，1930年諾貝爾生
理學或醫學獎得主。

奧地利心理學家
西格蒙德‧佛洛伊德（猶太人）
（Sigmund Freud, 1856–1939）
50 Schilling，1986年版
有名的心理學家，人稱精神分析之父。

義大利著名藝術家
拉斐爾‧聖齊奧（猶太人）
（Raphael Sanzio, 1483–1520）
500000 Lire, 1997年版
文藝復興藝術三傑之一。

越南小蝦米戰勝大鯨魚

越南整部歷史，可說是一部對抗中國侵略史，在中南半島各族群的內戰中，出現不少民族英雄，但就只有抗中英雄，才能名垂青史。

在近兩千年時間，兩國交往密切，中國也是越南國家、社會、人文、教育制度的導師。

漢字是越南官方文字，儒家思想是越南人民的倫理道德，越南民間紀念抗華英雄，也同時祭祀孔子和財神爺，直到法國統治越南，漢字才被廢除。

越南和中國有糾纏不清的愛恨情仇。

13世紀，蒙古帝國崛起，蒙古鐵騎所向無敵，征服大半個歐亞大陸。

但在征伐安南（越南）時卻三戰三敗，當時雖然攻破首都升龍，但都在越南名將陳國峻堅壁清野，運用地形的叢林戰和氣候戰，而吃了敗仗。

陳國峻：越南陳朝名將，13世紀時率領越軍，擊退強大蒙古帝國三次入侵，被封為興道王，在越南人民心中有如神明，他的神像和太上老君、關公共奉一廟。胡志明市的范五老街上，就聳立著陳國峻塑像。

越南民族英雄
陳國峻（陳興道）（Trần Quốc Tuấn, 1228-1300）
500 Dong，1966年版

越南國父胡志明：在越南近代史中，一提及越南的英雄，胡志明必是眾人一致的人選，他在1954年趕走法國人，1975年逐出美軍將南北越統一，為越南貢獻一生，在越南人民心中的英雄地位無人能比。

越南國家主席
胡志明（Ho Chi Minh, 1890–1969）
1000 Dong，1988年版

3.05 雙強爭霸南極點

　　英國斯考特隊攀登南極點行動，比挪威阿蒙森隊早2個月出發，卻比阿蒙森晚到34天，回程又因暴風雪命喪極地，但他堅毅追求科學真理精神，被世人尊為南極最偉大探險家。

南極洲挪威探險家
羅爾德·阿蒙森（Roald Amundsen, 1872–1928）
5 Dollars，2001年版

雙雄策略比一比

　　阿蒙森在南極東側的鯨灣設立探險基地，斯考特則選擇阿蒙森基地以西630公里的伊萬斯角。激烈競賽正式開始：斯考特隊為A隊，阿蒙森隊為B隊。

　　目標：A隊以科學研究為主，征服南極點為輔，所挑選的隊員要兼顧科學研究和探險。B隊只有一個目標──征服南極點，所以只挑選有極地經驗人員。

　　船隻：A隊「新地號」排水量744TON，船員65人，燒煤三桅船，船隻大但燃煤空間大，載上高大馬匹、馬飼料、科學儀器，空間變得擁擠，馬匹體能弱化。B隊「前進號」排水量402TON，船員16人，汽油引擎，船隻空間大，狗有活動空間。

　　路線補給：A隊所走路線因常颳暴風雪，無法直線前進，一路上地標和補給站，只插紅旗和堆雪堆，回程時大風雪，不易找到點目標、補給站和正確方向。B隊直線往南，沿子午線移動不改變方向，一路上地標和補給站，行進方向插黑旗，垂直方向也左右各插數旗，回程就容易找到區塊的補給站和行

進方向。

行進方式：A隊遇暴風雪時就按兵不動，天氣好就猛加速前進，行進速度無規則化。B隊規定每天目標20英哩，不論好壞天氣。旅程中碰到15天暴風雪，克服萬難每天前進13英哩，好天氣時只行進20英哩不超行，一方面保留體力，一方面保養雪橇。

運輸方式：A隊混合運輸，有小馬、機動雪橇、愛斯基摩犬。可惜！馬匹不耐酷寒——倒下，機動雪橇在寒地無法起動，狗沒專人訓練，沒有發揮功效，最後只能用人力拉動雪橇前進。這是競賽失敗的主因。B隊用愛斯基摩犬拉雪橇，仔細挑狗、訓練及照顧，邊前進邊增設補給站，快到目的地時保留必要的狗，其餘殺掉作為回程人、狗糧食的補給，學習「弱肉強食」強迫生吃狗肉，內含豐富維他命C，可避免壞血病（熟食破壞維他命C）。A隊回程無法快速前進，隊員們都發生嚴重壞血病就是主因之一。

科學成就：A隊對海洋學研究有重大貢獻，帶回三顆有胚胎的國王企鵝蛋，提供胚胎演化知識，收集古老植物「舌羊齒」化石，證明達爾文進化論。最後人員雖亡，但以科學角度，斯考特的南極探險是非常成功，尤其是他追求科學的精神更令人感動！B隊贏得比賽，但無科學成就可言。

各有偉大成就　名垂青史

1911年12月14日，阿蒙森隊到達南極點，升起挪威國旗和前進號船旗，奪冠成功！

34天後羅伯特·斯考特等5名探險隊員，也踏上同樣的南極點，看到挪威國旗，收到阿蒙森寫給他的一封信：

親愛的斯考特船長：

鑒於您有可能在我們之後，第一個抵達這一地區，我請求您將此信，轉交給哈康七世國王。如果帳篷內所餘物品適合您使用，請不用客氣。衷心祝福您返程順利。

羅爾德·阿蒙森

斯考特心情低盪到谷底，認為「我們付出巨大的努力，但精神上卻沒有得到安慰，不是第一個到達南極點，多麼難堪啊。只能悄然離去……」回程時和嚴寒搏鬥2個多月，身心疲乏歸程無期，最後終因體力不繼長眠冰雪中，距離最近的補給站僅有20公里。

　　史考特雖然競賽失敗身亡，但其勇於探索的精神，獻身科學的崇高和勝利的阿蒙森一樣，都是征服南極的英雄，名垂青史！

南極洲英國探險家
羅伯特・史考特（Robert Scott, 1868– 1912）
10 Dollars，2001年版

3.06 歐陸雙英

　　雨果《悲慘世界》中寫道：「滑鐵盧，是歷史上最奇特的遇合。拿破崙和威靈頓，兩人不是敵人，卻是截然相反的人。上帝最喜歡對比反襯，但是還從沒製造出如此驚人的對比。」

威靈頓公爵　打敗世界征服者

　　英國第25、27任首相。發跡於印度軍中，在西班牙半島戰爭建立戰功，

在滑鐵盧戰役和普魯士陸軍元帥布呂歇爾一起打敗拿破崙。戰後，做爲駐法占領軍總司令，反對簽訂懲罰性和約，拒絕槍殺拿破崙和焚燒巴黎的建議，反而提供貸款解救法國的財政，並提出3年後撤出占領軍，這幾項政策使他贏得無數感激與尊榮。

他成爲英國陸軍元帥，並獲得法國、沙俄、普魯士、西班牙、葡萄牙和荷蘭6國授予元帥，是世界歷史上唯一獲得7國元帥頭銜者。此至尊榮譽，只有中國戰國時代的縱橫家蘇秦身配六國相印可相媲美。

英國將軍、紐西蘭總督
威靈頓公爵（Duke of Wellington, 1769–1852）
5 Pounds，1971版

鈔票背景是發生在西班牙的維多利亞戰役場景，此戰役促使貝多芬特寫出《威靈頓的勝利》交響曲。

奇蹟創造者拿破崙

拿破崙是出色的軍事家，一生親自參加的戰役達到60多次，他的征戰打破歐洲的權力均衡，導致歐洲強權7次組成反法同盟。在歐洲大陸建立霸權，傳播法國大革命的理念，創立法蘭西第一帝國，拿破崙在戰爭中屢獲勝利，

以少勝多。半島戰爭、萊比錫戰役和對俄國入侵的失敗，成為拿破崙成敗轉折點，滑鐵盧戰役使拿破崙徹底失敗，結束法國與歐洲國家連續23年的戰事。

　　他也推動司法改革，親自參與多達36回審議的《拿破崙法典》。這部法典，是很多現代民主國家法律體系的原型。他最早提出歐洲合眾國構想，試圖以武力去實現，卻未能實現，但今日的歐洲卻朝向一體化目標前進。

法國法蘭西皇帝
拿破崙・波拿巴（Napoléon Bonaparte, 1769–1821）
100 Nouveaux Francs，1960**年版**

　　拿破崙從1796年的義大利戰役到1815年的滑鐵盧，打了約20年的戰爭，稱為拿破崙戰爭。一路上的掠奪及割地賠款，也喚醒歐洲各國的愛國精神，各國也紛紛起而抵抗戰鬥。加上法國原先創新的徵兵制以眾擊寡，使法軍輕易征服歐洲各國，但在戰爭後期，各國亦紛紛採用，法國總體戰的優勢就慢慢失去，法國為了增加戰力，招募外國傭兵，使得法軍76萬大軍中，外國人就占了23萬人，不僅訓練、經驗不足，愛國心和士氣的低落，和戰爭初期不可相比。後期的拿破崙戰爭就只能一次次面臨失敗的命運。

　　1815年6月16日，拿破崙趁反法同盟的軍隊尚未集結完成先發制人，率領

12萬法軍主力在里尼之戰擊敗呂歇爾將軍率領的普魯士軍，這是拿破崙軍事生涯中，親自指揮獲得的最後一場勝利，史稱里尼之戰。

隨後派遣格魯希元帥帶領3萬3千名法軍追擊逃走的普軍，自己則帶隊趕到比利時布魯塞爾以南的滑鐵盧，和威靈頓公爵率領的英軍對峙。可是格魯希追擊不力，讓普魯士軍擺脫了追蹤，所帶領的部隊又未能趕回滑鐵盧助陣，反觀呂歇爾重整軍隊，兩天後趕到滑鐵盧會合。假若能追擊成功或格魯希的部隊能趕回，滑鐵盧戰役就會完全改觀，拿破崙帝國或許就能統一歐洲大陸。

滑鐵盧戰役兩軍對照

日期: 1815年6月18日

	第七次反法聯盟 英國、普魯士聯合國	法國
主體	英軍：威靈頓公爵及亞瑟・韋爾斯利 普魯士軍：前進元帥格布哈德・呂歇爾	拿破崙・波拿巴
兵力	英軍：約6萬8千人 普魯士軍：約6萬1千人	約7萬2千人
損失	約2萬2千人	約3萬人

1815年6月18日午後，法軍向英軍發起進攻。戰役中法軍的優勢騎兵不斷衝擊英軍的方陣。晚上6時，正當拿破崙將要宣布獲勝重要時刻，呂歇爾率領的普軍趕到，猛攻法軍右翼。

晚上9時，法軍被普軍突破而崩潰，滑鐵盧戰役，拿破崙只能敗戰收場。

滑鐵盧戰役後，聯軍攻占巴黎，拿破崙被放逐到聖赫勒拿島，孤寂地迎接五年半後的死亡，回想自己的一生：「我的人生如同一部小說。」

法國法蘭西皇帝
拿破崙・波拿巴（Napoléon Bonaparte, 1769–1821）
100 Nouveaux Francs，1960年版

3.07 出奇制勝兩戰將

霍雷肖・納爾遜

　　英國帆船時代最有名的將領。服務英國海軍，在圍攻科西嘉島時，槍彈打瞎左眼，1797年因戰爭失去右臂。1798年率軍突襲法國艦隊大獲全勝，被封為男爵。1801年攻打丹麥艦隊，丹麥投降，並趕走三國同盟的俄軍及瑞典，被授予子爵。1803年出任地中海艦隊司令，對抗法西聯合艦隊。

　　1805年，在特拉法加角（Trafalgar Cape），納爾遜將軍率領英國海軍，大敗法國西班牙聯合艦隊，但納爾遜將軍此戰不幸中槍陣亡。鈔票背景是納爾遜將軍的旗艦勝利號載著他的遺體返回直布羅陀。

直布羅陀
英國海軍上將
納爾遜勳爵（Horatio Nelson, 1758–1805）
20 Pounds，2006年版

　　特拉法加海戰是19世紀最大的海戰。法蘭西艦隊有33艘戰艦，英國有27艘戰艦，法蘭西艦隊一列排開，納爾遜的軍艦因外殼包裝銅皮，航速大大提高。納爾遜採用T字戰略，運用兩列縱隊航行，從法西聯合艦隊中央直角切進，切斷法西聯軍的橫列隊伍，將之各個擊破，先靠1級艦給予火砲打擊，再讓2級、3級艦接舷，將敵艦擄獲，終使英艦獲勝。

特拉法加海戰英法戰力比較

戰鬥時間	1805年10月21日	
戰鬥主體	英國艦隊	法國、西班牙聯合艦隊
兩軍兵力	1級戰列艦3艘	1級戰列艦4艘
	2級戰列艦4艘	2級戰列艦0艘
	3級戰列艦20艘	3級戰列艦29艘
	共計27艘	共計33艘
戰鬥結果	勝利	失敗
損失船艦	被擊沉、擄獲艦0艘	被擊沉1艘/擱淺被俘10艘/被俘18艘
損失人員	戰死499人/受傷1242人	戰死1022人/負傷1383人/被俘約4000人
戰略	T字戰略，二列縱隊	一列橫隊

這場戰役，法西艦隊主帥被俘，船艦幾乎全滅，人員死傷和俘虜近7000人，英艦無損失，僅傷亡1600餘人，但在短距離的短兵相接戰鬥中，納爾遜不幸被敵方步槍擊中而亡，享年47歲。威爾遜海軍生涯35年，大小戰鬥百餘次，使用的戰略、戰術都突破傳統表現獨創和主動精神。這場戰爭讓英法百年來的海上爭霸戰從此結束，英國成為海洋帝國，並維持百年時光。

漢尼拔

北非古國迦太基名將、軍事家。年少時隨父親進軍西班牙，發下誓言，終身與古羅馬為敵，在軍事及外交活動上有卓越表現。是歐洲歷史上最偉大的四大軍事統帥之一。

突尼西亞軍事統師
漢尼拔・巴卡（Hannibal Barca, BC247–BC183）
5 Dinars，2013年版

　　西元前8世紀，古羅馬發源於義大利半島，在古希臘光輝下，羅馬只是一個默默無聞的小國。西元前3世紀中，羅馬逐漸壯大，開始向地中海發展，卻遇到地中海霸主迦太基，爲了打敗迦太基，羅馬發動三次戰爭，終於使迦太基亡國，羅馬奪得地中海霸權，進入全盛時期。

　　迦太基當時稱作Punicus（布匿章斯），因而歷史上稱這場戰爭爲三次布匿戰爭。

　　值得一提的是第二次布匿戰爭。這場戰爭中迦太基名將漢尼拔出色的表現，在歷史留名，而漢尼拔在扎馬之戰中的失敗，成就羅馬大西庇阿元帥的威名。

　　在這場戰爭中，漢尼拔「越過阿爾卑斯山」戰術及「坎尼戰役」，造就漢尼拔在軍事上的歷史地位。其中坎尼戰役是軍事史上第一次集團作戰，也是最經典的口袋殲滅戰術。

突尼西亞軍事統帥
漢尼拔·巴卡（Hannibal Barca, BC247–BC183）
5 Dinars，2008年版

3.08 兩大王室滅門血案

尼泊爾王室槍擊事件

時間：2001年6月1日傍晚。

地點：尼泊爾加德滿都納拉揚希萊王宮。

事件：王儲狄潘德拉射殺王室成員。

死者：包括尼泊爾國王畢蘭德拉、王后艾西瓦婭在內10人死亡，5人受傷。

處置：王儲狄潘德拉本人成尼泊爾法律上尼泊爾國王，但卻三天後傷重死亡。叔叔賈南德拉隨後登基成為國王。

後果：導致2008年5月尼泊爾君主制被廢除。賈南德拉成為末代皇帝。

2001年6月1日，星期五，按尼泊爾傳統，每月第三個星期五，王室成員聚集在王宮舉行宴會，共有24位來賓，包括王室成員和親屬。

皇儲狄潘德拉和客人喝不少酒，已呈醉態，被送回房間休息。1小時後，狄潘德拉身穿軍裝回到宴會，手拿HK MP5衝鋒槍和M16突擊步槍，先行向天花板和牆壁掃射，接下來向自己父親畢蘭德拉國王射擊，再來射向姑姑、叔叔及幾位皇室成員。堂弟帕拉斯受輕傷，用沙發保護其他三位王室成員。母親迅速離開，尋求幫助，狄潘德拉殺紅了眼，在花園看到母親和弟弟也一起射殺，在通往宮殿的小橋上，開槍自殺。警衛進行救援行動，國王、王后在醫院宣布死亡，皇室成員死亡8人。

　　狄潘德拉昏迷中，被立為國王，3天後死亡。叔叔賈南德拉這3天內被任命為攝政王，狄潘德拉死亡後，登基成為國王。

　　流傳兇殺原因：狄潘德拉王儲因擇偶問題和母親發生爭執，他希望和傑維亞尼·拉納結婚，但由於拉納家庭問題，國王和王后都不同意這一門親事，怒氣下的王儲造成這場滅門血案。

尼泊爾國王
畢蘭德拉（Birendra Bir Bikram Shah, 1945–2001）
2 Rupees，1981年版

末代沙皇尼古拉二世全家七人被處決

尼古拉二世是俄羅斯帝國最後的沙皇、末代皇帝。俄羅斯革命爆發後退位。蘇維埃紅色政權建立後，沙皇全家被滅門血洗。

1917年2月革命爆發，推翻了羅曼諾夫王朝，沙皇全家被隔離軟禁，結束封建專制的統治。布爾什維克發起10月革命，建立蘇維埃紅色政權。尼古拉二世家族被軍隊逮捕囚禁。列寧最初打算按慣例和正常程序公審沙皇，但內戰形勢讓他改變主意。因為當時沙皇一家是俄國白軍復辟皇權的最好籌碼，會集結歐洲很多國家和保皇勢力的支持與紅軍對抗，對紅色政權的合法性會產生很大阻礙。

1918年一個深夜，尼古拉二世家族和僕人等11人，被看管的祕密警察趕到地下室，使用手槍集體處決，屍體被澆上硫酸和汽油銷毀。血案發生後，有人認為第四女兒下落不明，後來經過莫斯科基因學家進行DNA鑑定，確認尼古拉二世全家，都已在布爾什維克革命中遭處決。2008年，俄羅斯最高法院正式為尼古拉二世平反，宣布他的家族是蘇聯鎮壓下的受害者。

俄羅斯帝國沙皇
尼古拉二世（Nicholas I, 1868–1918）
10 Kopeks，1915年版，30x25mm
（世界最小的鈔票）

Chapter 4

鈔票萬花筒

4.01 躍上大銀幕

　　精彩人生是電影的好體材，藉由電影拍攝出不同人物，堅忍奮鬥的精彩生平。下面介紹鈔票上的人物被搬上銀幕的例子。

電影《勇者無懼》（Amistad）
描述在美國歷史洪流中為爭取自由人權的電影。在美國獨立後，1860年南北戰爭前，當時黑人仍為私人財產，非洲黑人為爭自由、人權的悲慘奮發故事。

　　1839年，53名黑人遭白人綑綁，被關在西班牙奴隸船La Amistad（友誼號）運往美洲。黑人領袖辛格，掙脫枷鎖釋放同伴，搶下奴隸船奪回自由。他們只有一個目標，那就是回到非洲。但船卻被駛往美國，被控謀殺罪受審。此案情牽涉到西班牙女王伊莎貝拉二世，廢奴團體和美國總統馬丁‧范布倫，紛紛在背後運作，女王提告擁有船上的所有權。廢奴團體主張辛格是走私黑奴的受害者，無罪。馬丁總統因為此案已成為南北分裂的象徵，為了討好南方勢力，避免發生內戰，指示法官務必做出不利的裁決。在這種時空交錯下，最後辛格獲得自由回到非洲。幾年後南北戰爭結束，美國的奴隸制度被終結，奴隸不再買賣。

獅子山黑奴起義領袖
約瑟夫・辛格（Joseph Cinque, 1814–1879）
5000 Leones，2010年版

　　誠如導演斯皮爾伯格所說：「這部影片將永遠跟隨著我們……我覺得我拍的不是別人的故事，這是每個人的故事，每個國家、每個種族都應該知道這個故事。」

　　正如前任美國總統約翰・昆西・亞當斯，在法庭陳述自由平等博愛的美國立國之本，黑奴們和所有白人一樣，具有人類天賦權利——自由！

電影《王者之聲：宣戰時刻》（The King's Speech）
此部電影奪下2011年奧斯卡金像獎多項獎項。內容述說英王喬治六世生平及改善口吃的故事。英王喬治六世就是現今英國女王伊莉莎白二世的父親，即位前是約克公爵亞伯特王子。他的兄長就是愛美人不愛江山的愛德華八世（溫莎公爵），喬治六世自幼口吃，講話非常吃力，賢慧的王后伊莉莎白・鮑斯——萊昂，替他請來一位語言治療師，經過一系列訓練，口吃大為改善。兩年後二戰爆發，在二戰初期的聖誕節，發表一場精彩鼓舞人心的演講，號召英國人民對抗邪惡的法西斯，這段成功戰時演說，鼓舞出英國軍民士氣，共同抵禦德國侵略。

香港
英國國王喬治六世（King George VI, 1895-1952）
1 Dollar，1940版

「不愛江山愛美人」的愛情神話

　　愛德華八世，因政府、人民、教會都反對他娶離過婚的辛普森女士，簽下退位文件，向全國人民廣播：「如果沒有我所愛女人的支持和幫助，我將無法承擔起作為國王的重任，我選擇退位。」只執政325天。退位的愛德華八世成為溫莎公爵。弟弟亞伯特王子（喬治六世）繼位。

萊昂王后愛自由，喬治六世求婚三次才成功

　　出身蘇格蘭貴族的伊莉莎白・鮑斯—萊昂喜愛鄉野自由，不入王室，喬治六世第三次求婚才成功。二戰（1939—1945）中，她臨危不亂。希特勒曾說：歐洲中我懼怕的男人是邱吉爾，而歐洲最危險的女人就是萊昂。轟炸期間堅持不離開倫敦，堅守白金漢宮鞏固民心。

　　萊昂說：「在任何情況下，國王不能離開倫敦。」

蘇格蘭
伊莉莎白・鮑斯—萊昂
（伊莉莎白王太后，Elizabeth Bowes-Lyon 1900-2002）
20 Pounds，2000年版

電影《最後的蘇格蘭王》（The Last King of Scotland）
英國一部劇情電影，虛構一位角色尼古拉斯，成為男主角烏干達獨裁
者伊迪、阿敏的私人醫生，劇情藉私人醫生和阿敏的互動中，將阿敏
的暴政述說出來。男主角因這部電影贏得奧斯卡最佳男主角獎。

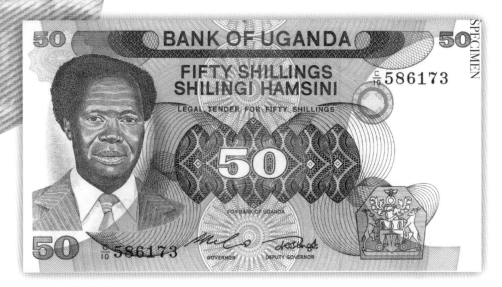

烏干達國父
阿波羅・密爾頓・奧博特（Apollo Milton Obote, 1924–2005）
50 Shillings，1985年版

烏干達由帝國殖民到獨立建國，又進入獨裁專政

　　1894年，烏干達成為英國保護國。1962年，密爾頓・奧博特帶領烏干達脫離英國殖民統治，走向獨立，成為現代烏干達國父。

　　電影情節就在描寫1971年被推翻的密爾頓・奧博特政府，流亡坦桑尼亞，到1980年重新掌權，阿敏統治烏干達8年的暴政種種，殺人無數、社會解體、經濟凋敝、國民外逃。1979年，坦桑尼亞軍隊配合反阿敏組織，攻擊占領首都坎帕拉，結束阿敏政府。

　　阿敏逃往利比亞，最後流亡沙烏地阿拉伯。2003年，近80歲病死。

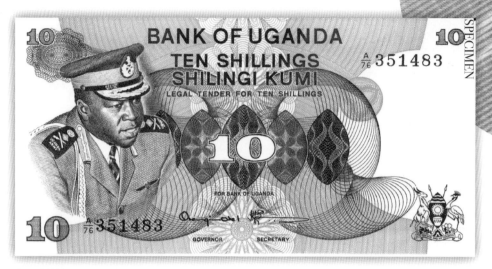

烏干達總統
伊迪・阿敏・達達（Idi Amin Dada, 1926–2003）
10 Shillings，1973年版

阿敏自封為「蘇格蘭國王」

　　阿敏當上總統後，大力鼓吹蘇格蘭獨立，經常身穿短裙和奏風笛，視察部隊時，跳蘇格蘭舞、喝蘇格蘭威士忌酒。1974年，宣布蘇格蘭獨立運動宣言，痛斥英格蘭剝削蘇格蘭，自封為「蘇格蘭國王」。國際社會一笑置之。自行斷絕英國外交關係，將國內英國企業國有化。

　　阿敏把自己同蘇格蘭聯繫起來，主要在展示他反抗殖民主義的形象。

電影《打不倒的勇者》（Invietus）
2009年上映，由克林・伊斯威特導演，描寫南非前總統尼爾森・曼德拉與南非橄欖球隊隊長同心協力，聯手凝聚全國人心的故事。曼德拉要藉由南非1995年世界盃橄欖球冠軍賽，促進南非團結。

南非國父
尼爾森・曼德拉（Nelson Rolihlahla Mandela, 1918-2013）
10 Rand，2012年版

曼德拉推動種族和解

　　尼爾森・曼德拉是南非著名的反種族隔離革命家、政治家和慈善家，南非國父。1993–1997年間任南非總統，是第一個由全面代議制、民主選舉選出的南非元首。任內致力廢除種族隔離制度和實現種族和解，消除貧困不公。

德克勒克和曼德拉贏得人民永久尊敬

　　早年，曼德拉被控「密謀推翻政府」等罪名，共服刑26年半，其中有約18年在羅本島度過。出獄後，曼德拉和當時南非總統德克勒克合作廢除種族隔離制度，對世界和平與自由作出極大貢獻。1993年兩人共同獲諾貝爾和平獎。

　　1993年至1997年間，德克勒克任南非總統。致力廢除種族隔離制度和實現種族和解，消除貧困和不公。南非白人掌權近200年，德克勒克在敏感種族對立下，宣布解嚴、釋放曼德拉、廢止種族隔離制度，在黑人占80%的國家，明知通過選舉白人不可能再次獲得權力，德克勒克卻勇於重新選舉、開

放全民投票。當曼德拉成為南非第一位黑人總統，德克勒克從總統上位坦然而下當副手，輔佐曼德拉進行國家建設。

德克勒克對政體改革的勇氣和權利的醒悟，與曼德拉對種族和解的勇氣和寬恕的精神，兩者都贏得人民永久尊敬，在南非歷史寫上光輝一頁。

電影《遠離非洲》（Out of Africa）
作者伊薩克・迪納森《走出非洲》小說所編導的電影，獲得1986年的58屆奧斯卡最佳導演、最佳改編劇本、最佳攝影、最佳音樂、最佳音響、最佳藝術指導等7項殊榮。

丹麥女作家
凱倫・布里克森（Karen Blixen, 1885-1962）
50 Kroner，2006年版

凱倫・布里克森，長達30餘年的寫作生涯，以伊薩克・迪納森筆名蜚聲於世。

52歲時，寫出自傳小說《走出非洲》，敘述她在肯亞農場的個人經歷，及悲歡離合、纏綿悱惻、扣人心弦的生活，用優美的文字寫出非洲濃郁的異域風土人情，非洲各種動物在她的筆下栩栩如生。自然景觀和四季變化都躍然紙上。

在非洲的日子所留下了足跡和青春成為她一生中最美好的回憶。和男爵丈夫離異，因感染病症終身不育，情人駕飛機失事永別，大蕭條的經濟，迫使她回到祖國，用非洲的眼睛觀看歐洲，動筆寫下她的回憶，故事裡有離群索居的精彩人生，更有朝夕相伴大自然的豐富多樣性。作者認為這一切命運的變遷，是上帝對她的疼愛和開玩笑。

《老人與海》的作者歐內斯特・海明威，在接受1954年諾貝爾文學獎金典禮上說：「如果將這筆獎金授予美麗的作家伊薩克・迪納森，我會更高興。」

電影《揮灑烈愛》（Frida）
《揮灑烈愛》是畫家芙里達・卡羅的傳記電影，由茱莉・泰摩執導，莎瑪・海耶克和艾弗瑞德・莫里納分別主演卡羅與她的丈夫迪亞哥・里韋拉，它獲得奧斯卡最佳化妝獎和最佳原創音樂獎，以及最佳女主角提名。

我畫故我存在

電影敘述出她生命的殘缺及愛情坎坷歷程，致使這位美麗的女子下定決心，以藝術做為生命的彩料。終其一生努力不懈畫自己。「我畫我自己，故我存在。」正是芙里達・卡羅的宣言。

墨西哥畫家
芙里達・卡羅（Frida Kahlo, 1907-1954）
500 Pesos，2010**年版**

作品有一半的自畫像

　　6歲時，芙里達感染小兒麻痺，造成右腿比左腿爲短，只能常穿著長裙。18歲芙里達嚴重的車禍，下半身行動不便且不能懷孕。一生中經過多達35次的手術，最終右腿膝蓋以下還是截肢。芙里達在苦痛中畫出對於痛的感受和想像，畢生的畫作中有一半作品是一幅一幅支離破碎的自畫像。在生命中最後一年舉辦首次個展。一身傷殘躺在大床上被抬進畫廊主持畫展。47歲自殺結束了痛苦的一生。

大象和鴿子的結合

　　向迪亞哥學畫，兩人相差20歲，少女般的癡情，對迪亞哥極高的崇拜，陷入熱戀隨即結婚。迪亞哥大又胖，而芙里達嬌小瘦弱，身高僅5英尺出頭，被稱爲大象和鴿子的結合。

　　婚後迪亞哥仍風流成性，芙里達卻因爲深愛他一再容忍，直到迪亞哥染指她的親生妹妹才痛心分居。二人1929年結婚，1939年離婚。1940年二人又再婚，直到1954年芙里達・卡羅自殺身亡爲止。芙里達將感情傾注畫布，畫出暴風雨般的婚姻、憤怒，肉體傷殘的痛，畫出她生命的色彩。

電影《阿根廷，別為我哭泣》（Evita）

1996年美國歌舞片，由亞倫‧帕克執導，瑪丹娜、安東尼奧‧班德拉斯及尊尼芬‧派斯等主演。描述阿根廷前第一夫人伊娃‧貝隆，從窮裁縫私生女、舞女到阿根廷第一夫人，艾薇塔33載的短暫一生，太多的悲歡離合。影片中女主角由美國女歌手瑪丹娜扮演，主題曲《阿根廷別為我哭泣》、《你必須愛我》。其中《你必須愛我》獲得第69屆奧斯卡最佳原創歌曲獎。

　　1944年，艾薇塔邂逅貝隆上校，兩人相戀結婚，艾薇塔成為貝隆第二任夫人。貝隆掀起強烈的政治風暴，被關進監獄。艾薇塔慷慨激昂的走向街頭，說「你們的苦楚，我嘗試過；你們的貧困，我經歷過。貝隆救過我，也會救你們。貝隆會支持窮人，愛護窮人。」當局被迫釋放。貝隆被釋的第一句話：「感謝艾薇塔！感謝人民！」

阿根廷玫瑰 備受愛戴

　　1946年，貝隆當選阿根廷總統。就職當天，人民高呼「艾薇塔」的聲音超過「貝隆」。艾薇塔27歲位居「第一夫人」。她從事社會救濟、勞工待遇、教育水準四處奔走，前往工廠、醫院和孤兒院，並慰問底層人民，發誓一定要改善人民的生活，為窮人吶喊，成為「窮人的旗手」。在人們的眼裡，她是女神和救世主！

　　訪問歐洲各國，稱為「彩虹之旅」。獲得「阿根廷玫瑰」、「苦難中的鑽石」等稱號。為阿根廷女人爭取到投票權，建立醫院和學校，設立 「第一夫人」基金會與窮人救助中心。

1952年重病纏身，出席丈夫第二次的就職典禮。艾薇塔虛弱的站在總統府陽臺上：「讓我做一名普通的女人，我是阿根廷人。」1952年7月26日，對貝隆說：「小瘦子走了。」這一年，她剛好是33歲。

艾薇塔生前一次演講告訴人民：「如果我為阿根廷而死，請記住：阿根廷，不要為我哭泣！」

阿根廷總統夫人
伊娃‧貝隆（艾薇塔，Eva Perón Evita 1919–1952）
100 Pesos，2012年版

4.02 多難興邦的波蘭名人

西元960年，波蘭波蘭大公梅什科一世統一波蘭，時常受到西邊的神聖羅馬帝國（日耳曼人）的侵犯，為了抵禦外侮，娶捷克公主杜布拉娃為妻，兩地聯姻以壯軍力，接受天主教為國教，建立皮亞斯特王朝。

梅什科一世

　　公元966年，波蘭大公梅什科一世接受天主教爲國教，建立皮亞斯特王朝。波蘭歷史上最傑出的帝王，被後世尊稱爲波蘭國父。

　　驅除外族勢力，劃定出波蘭疆界輪廓，在民族精神和宗教等方面對波蘭文化產生顯著的影響。

波蘭大公
梅什科一世（Mieszko I, 935–992）
2000 Zlotych，1797年版

波列斯瓦夫一世

西元992年，梅什科一世死後，波列斯瓦夫繼位爲波蘭大公。開始擴張波蘭疆域，成爲波蘭歷史上第一任國王。因爲同是天主教國和神聖羅馬帝國交好，波蘭正式進入歐洲政治圈。

西元1039年，遷都到南邊的克拉庫夫，自此這個城市成爲波蘭發展中心，成爲波蘭最美的城市和古都，在14至16世紀時，和布拉格和維也納並稱爲「中歐三大文化中心」，有大量完整的中世紀和文藝復興建築，也是波蘭最熱門的觀光聖地。

波蘭第一位國王
波列斯瓦夫一世 （Boleslaw I Chrobry, 967-1025）
2000 Zlotych，1979年版

尼古拉‧哥白尼

　　波蘭天文學家、日心說創立者、近代天文學的奠基人，偉大著作《天體運行論》，是現代天文學的起步點。

　　波蘭近代史充滿了悲劇，處在列強之間，國土不斷被瓜分，又因國土毫無天險可求，只有任人蹂躪甚至亡國，但波蘭人卻不放棄，團結一心，重建祖國。波蘭人沒有放棄自由的渴望，護國意志個個堅強，悲壯地高詠著國歌「只要我們活著，波蘭就絕對不會滅亡。」堅毅的民族性，造就出無數出類拔萃的人物。

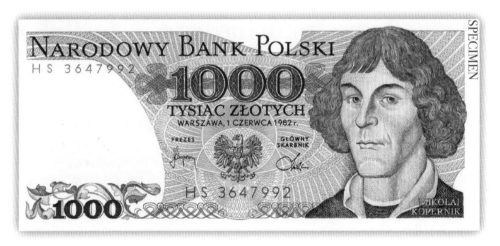

波蘭天文學家
尼古拉‧哥白尼（Nicolaus Copernicus, 1473–1543）
1000 Zlotych，1975年版

弗雷德里克·蕭邦

　　波蘭音樂家、作曲家,愛國鋼琴詩人,作品有強烈愛國意識,悲觀時常會面向鋼琴流淚。魯賓斯坦說他是「鋼琴的詩人、鋼琴的心、鋼琴的靈魂……」

　　音樂作品幾乎全以鋼琴曲為主,而且大多是小品形式。擅長使用「彈性速度」的自然節奏,旋律清新,合聲豐富,充滿波蘭舞曲的風格。

　　「上帝把莫札特賜給德國人,卻把蕭邦賜給波蘭人。」

波蘭音樂家
弗雷德里克·蕭邦(Federic Chopin, 1810–1849)
5000 Zlotych,1982年版

　　波蘭裔法國籍物理學家，第一位獲得諾貝爾獎女性。1903年和丈夫皮埃爾·居禮共同獲得物理學獎。1911年，獲得化學獎，在不同領域獲得諾貝爾獎。

波蘭科學家
居禮夫人（Madame Curie, 1867-1934）
20 Zlotych，2011年版

亨利‧軒克維奇

　　波蘭作家，諾貝爾文學獎得主，享有波蘭文學的亞當美譽。

　　作品有歷史小說衛國三部曲：《火與劍》、《洪流》及《星火燎原》，反映出17世紀波蘭人民反抗外國入侵的故事。1905年，由於「他史詩一般的作品表現出的卓越成就」獲得諾貝爾文學獎。受獎時他說：「作家，是民族的兒子。獲得諾貝爾獎，證明這個民族，在世界的成就占有一席之地，證明民族的努力是有成果的，證明民族有權為人類的利益生存下去。如果這種榮譽，對一切民族都是珍貴的，那麼，它對於波蘭更加珍貴無比。」

波蘭文學家
亨利‧軒克維奇（Henryk Sienkiewicz, 1846–1916）
500000 Zlotych，1993年版

弗拉迪斯拉夫・萊蒙特

　　波蘭作家，寫作風格和左拉相似，有波蘭的左拉之稱。

　　用10年時間創作四卷本長篇小說《農民》，包括《秋》、《冬》、《春》、《夏》。小說反映了1905年革命前後，沙俄占領下的波蘭的農村狀況。1913–1918年，出版歷史小說三部曲《一七九四年》。描述波蘭衰敗和被瓜分的經過及其前因後果，熱情謳歌波蘭人民的愛國熱情和英勇鬥爭精神。作品的最後一卷《起義》寫於大戰爆發後，德國占領下的華沙，使該書更具有特殊的現實意義。

　　1924年因為他的偉大的民族史詩式的作品《農民》，獲得諾貝爾文學獎。

波蘭文學家
弗拉迪斯拉夫・萊蒙特（Wyadysyaw Reymout, 1867–1925）
1000000 Zlotych，1993年版

若望‧保祿二世

　　波蘭人，1978年當選爲羅馬教皇，是第一位波蘭裔及斯拉夫裔教宗，也是457年來第一位非義大利籍教皇。在位27年，以作風開明而著稱，宣導寬容與和平，成爲10億教徒與天主教會的一筆寶貴財富，贏得歷史和世人的尊敬。臨終遺言：「愛心可以改變人心。」

波蘭
羅馬教皇若望‧保祿二世（Sanctus Ioannes PP Paul II, 1920-2005）
50 Zlotych，2006年版

4.03　愛爾蘭大文豪

　　愛爾蘭雖是小國家，但對世界文學做出巨大的貢獻。愛爾蘭文學有著優秀傳統，以濃郁的民族風味、富情感的田園抒情詩見長。自古以來愛爾蘭文學就聞名於世，在20世紀的百年中，誕生出四位諾貝爾文學獎得主。

威廉‧巴特勒‧葉慈

　　愛爾蘭詩人，1923年「以其高度藝術化且洋溢著靈感的詩作，表達出整個民族的靈魂」獲得諾貝爾文學獎。他不僅是詩人，也是劇作家、愛爾蘭民族主義領袖。作品短詩《瑞典之豐饒》、散文作品《靈視》。

愛爾蘭詩人
威廉‧巴特勒‧葉慈 （William Butler Yeats, 1865–1939）
20 Pounds，1982年版

約翰內斯‧斯各特‧愛留根納

愛爾蘭新柏拉圖主義哲學家與詩人。譯註亞略巴古的僞丟尼修（Pseudo-Dionysius the Areopagite）著作而廣爲人知。思想注重邏輯的完整，被稱爲「至神聖的詮釋者」、「最偉大的神學家」，人們常稱他爲中世紀西方希臘思想拓荒者。他是第一個明確區分肯定神學和否定神學。認爲人類一切有限的範疇都不足以表述無限的上帝，我們只能對上帝作出否定的規定，不能說上帝是什麼，只能說上帝不是什麼。

愛爾蘭詩人與哲學家
約翰內斯‧斯各特‧愛留根納（Johannes Scotus Eriugena,815–877）
5 Pounds，1976年版

梅芙女王（Queen Medb）

　　鈔票上是愛爾蘭古代傳說《阿爾斯特故事Ulster cycle》中的康諾特國梅芙女王，中間的曲線圖案是古代骨片雕刻藝術品上的凱爾特圖案（螺旋號角紋）。螺旋形線條構成的圖案，都呈現漩渦夾著一個連接的部分，圖案象徵生命之門的開放，或者是誕生和死亡之間、死亡和再生之間的分界。

愛爾蘭康諾特國女王
梅芙女王（Queen Medb）
1 Pound，1977年版

　　5～10世紀，愛爾蘭以這種以螺旋號角紋做裝飾的凱爾特圖案，大量運用在石雕和手抄本裝飾中。如寫於西元800年的《凱爾斯經》是愛爾蘭中世紀手抄本中最精美的一部。其中美麗的插圖作品是中世紀愛爾蘭凱爾特美術的最高成就，傳說此書封面是由黃金和寶石打造而成，而封面被北歐海盜入侵時撕下，現在三一學院仍保存有《凱爾斯經》的實物。

1 Pound，1997年版鈔票背面

　　鈔票背面是愛爾蘭最古老的文獻資料，11世紀的《牛皮書》（Book of the Dun Cow）這張鈔票呈現11世紀中古愛爾蘭時代的藝術成就。

強納森‧斯威夫特

　　英國18世紀的作家、政論家、諷刺文學大師。作品有散文、詩歌、政論等。以著名的《格列佛遊記》和《一隻桶的故事》等作品聞名於世。

　　傳世作品《格列佛遊記》以諷刺手法來抨擊和挖苦英國，尖銳深邃的諷刺是這部作品的靈魂。這本著作風靡全球，為他贏得巨大的文學聲譽，歷經兩百年，散發永恆光芒。斯威夫特以愛爾蘭人的立場，猛烈攻擊英國政府，為愛爾蘭人民爭取早日獨立和自由，有「偉大的愛爾蘭愛國者」稱號。

愛爾蘭文學家
強納森・斯威夫特 （Jonathan Swift, 1667–1745）
10 Pounds，1992年版

4.04 德意志菁英

　　1934年—1945年間，希特勒擔任德國元首，二戰時兼任德國武裝力量最高統帥。1939年二戰爆發，1945年納粹德國向盟軍投降。1949年，美國、英國、法國占領的德國領土，成立德意志聯邦共和國，稱做西德。同年蘇聯占領區，成為德意志民主共和國，稱為東德，為一黨專政的社會主義共和政體。東德國土不及西德一半，人口不及西德1/3。

　　1949到1961年，是社會主義制度的確立時期；有270萬東德居民，因為政治或經濟因素越境到西德。

　　1961到1970年，柏林圍牆的修建，經歷一段穩定期；宣傳此為「反法西斯防衛牆」成為德國分裂和冷戰標誌性建築，分割東西歐的象徵。

　　1971到1985年，加強與西德的關係。

　　1985到1989年，東德逐步走向滅亡。

　　1989年東歐發生政治變革，柏林圍牆被迫開放，東德政府允許人民訪問

西德、西柏林。

　　人群紛紛強鑿柏林圍牆作爲紀念品。1990年6月，東德政府拆除柏林圍牆，爲兩德統一鋪路，「我們是一個民族！」是兩德人民共同的心聲。

　　1990年10月3日，兩德統一，東德不再存在。柏林圍牆倒塌，改變歐洲和世界的歷史。

　　東德，德意志民主共和國（DDR）1949年建立，1990年兩德統一，建國40年的東德自此消失。

　　東德建國僅僅40年的短暫時光，所發行的鈔票人物和西德人物完全不同，從這些人物可得知東德政府當初所追求的理念和施政軌跡。

湯瑪斯‧閔采爾

　　德國宗教改革激進派領袖，德國農民戰爭領袖。爲德國人民反封建提供強大思想武器。

　　作品有革命鬥爭的講演、文章和小冊子，如《對諸侯講道》、《致路德的答辯書》、《書簡》等。

東德宗教改革家
湯瑪斯‧閔采爾（Thomas Müntzer, 1490–1525）
5 Deutsche Mark，1975年版

克拉拉·蔡特金

國際婦女運動先驅。1910年，哥本哈根第二次國際社會主義婦女代表大會，根據她的倡議，通過3月8日為國際婦女節。實現人類和婦女全部解放，為其畢生心願並為之奮鬥，被譽為「國際婦女運動之母」。

東德婦女運動之母
克拉拉·蔡特金（Clara Zetkin, 1857–1933）
10 Deutsche Mark，1971年版

約翰·歌德

偉大的德國作家、詩人。生平代表作《少年維特之煩惱》、《浮士德》和小說《威廉·邁斯特》。有一次歌德在一條僅容一人通過的小徑上散步，迎面走來一位對他作品都貶得一文不值的批評家。兩人都站住了，那位批評家傲慢地說：「對一個傻子，我絕不讓路！」歌德說：「我卻相反。」然後微笑地站到一旁。

德國作家
約翰 · 歌德（Johann Goethe, 1749–1832）
20 Deutsche Mark，1975年版

弗里德里希 · 恩格斯

　　德國哲學家，馬克思主義的創始人之一。國際共產主義運動的奠基者。1869年，成立馬克思主義色彩濃厚的「德意志社會民主勞工黨」。爲馬克思提供大量經濟上的支援，是馬克思的親密戰友，國際無產階級的導師和領袖。馬克思和恩格斯共同起草《共產黨宣言》。

德國哲學家
弗里德里希 · 恩格斯（Friedrich Engels, 1820–1895）
50 Deutsche Mark，1971年版

卡爾‧馬克思

　　德國哲學家卡爾‧馬克思，社會學與社會科學的鼻祖之一。無產階級精神領袖，當代共產主義運動先驅。認為幾千年以來，人類發展史上最大的矛盾與問題，在於不同階級之間的利益掠奪。代表作：《共產黨宣言》和《資本論》。

　　名言錄：「德國人的解放就是人的解放。這個解放的頭腦是哲學，它的心臟是無產階級。」、「哲學把無產階級當做自己的物質武器，同樣地，無產階級也把哲學當作自己的精神武器」、「生活就像海洋，只有意志堅強的人，才能到達彼岸」、「沒有無權利的義務，也沒有無義務的權利」、「後悔過去，不如奮鬥將來」。

德國哲學家
卡爾‧馬克思（Karl Marx, 1818–1883）
100 Deutsche Mark，1975年版

亞歷山大‧馮‧洪保德

　　德國自然科學家、科學考察旅行家。首創世界等溫線圖，研究氣候差異。發現地磁強度從極地向赤道遞減的規律，火山分布與地下裂隙的關係等。創立柏林洪堡大學，是柏林最古老的大學，培養無數頂尖人才，擁有輝煌的歷史。

ZV 146683

ZV 146683

東德科學家
亞歷山大・馮・洪保德（Alexander von Humboldt, 1769–1859）
5 Deutsche Mark，1964年版

弗里德里希・席勒

　　德國18世紀著名詩人、哲學家、歷史學家和有名的劇作家。代表作劇本《強盜》非常成功，被認為是德國的莎士比亞。歡樂頌詞的作者，歌德的摯友。在德國文學史和歌德並駕齊驅的偉大作家。劇本揭露上層統治階級的腐敗生活與宮廷中爾虞我詐的行徑，席勒生平始終沒有放棄尋求德國統一。席勒逝世後，歌德痛苦說道：「我失去了席勒，就失去我生命的一半。」

東德詩人
弗里德里希‧席勒（Friedrich von Schiller, 1759–1805）
10 Deutsche Mark，1964年版

阿爾布雷希特‧丹尼爾‧泰爾

　　德國農業經營學的創始人，近代農業經營學的奠基人。確立追求最大利潤的農業經營原理。出版《合理的農業原理》、《農業在理論和實踐上的進步》。

德國科學家
阿爾布雷希特‧丹尼爾‧泰爾 （Albrecht Daniel Thaer, 1752–1828）
10 Reichsmark，1929年版

維爾納‧馮‧西門子

　　德國西門子公司創始人、發明家。 德國電子電氣之父。建立第一家鍍金、鍍銀的工廠。創新地把銅線用熱的樹膠包裹起來成為絕緣電線。舖設第一條地下電報線。引進社會福利制度，實施養老撫恤基金方案、每天9小時工作制以及「股權分紅」的利潤分享方案。

德國企業家
維爾納‧馮‧西門子（Ernst Werner von Siemens, 1816–1892）
20 Reichsmark，1929年版

大衛‧哈森曼

　　德國政治家和銀行家，1948年擔任德國財政部長，建立德國最大的銀行——貼現銀行，主張通過大德意志理念統一德國。他的名言是：誰最有錢，誰統治國家。

德國政治家、銀行家
大衛・哈森曼 （David Hansemann 1790–1864）
50 Reichsmark，1933年版

　　東西德統一27年後，柏林東西兩邊依然存在一堵無形的牆。1990年至
2013年間，有190萬人從前東德移居前西德，經過27年的磨合，前東德生活水
平大幅提高，但仍落後前西德。

　　在政治上「兩個東德人領導西德精英」，現任總理梅克爾和總統高克
都來自前東德，政府14個內閣部長，沒有一個來自東部。梅克爾告訴德國人
「夢想可以成為現實」、「一切都會好起來」。德國媒體說：兩德依然「分
裂」，國家「仍在統一」。至少需要兩代，才能完全統一。

　　東部平均經濟生產力，是西部人的2/3。德國東部缺少大型企業、銀行、
保險公司。德國企業百強，沒有總部設在東部。東部地區沒有一家股票上市
公司，東部多數企業屬德西上下游生產鏈，東部貢獻的稅收只有西部一半。
東部上班族的平均收入比西部少1/4，工作時間較長，生產力較低。東部城市
的東部與西部的差距仍大，1/3東部人認為西部人高傲自大。東部房價只有西
部城市的一半。3/4東部人不屬於任何宗教團體；3/4西部人屬於基督教。東
部聰明，西部多元，是現今德國人民的寫照。

4.05 古希臘神話

　　希臘文化散發出璀璨的光芒，觸動人們的心靈，尤其是那些被詩詞、故事描敘的神祇，因對他們的崇拜，激發出人們無數的創意，他們人性化的事蹟被融入偉大的文學和藝術中，建築也加入他們的元素，因為有他們，世界的內在和外觀都更加多彩多姿。

　　希臘除了奧林匹斯十二主神、冥界的眾神、泰坦、海洋的眾神更有天空的眾神，他們充滿人性思維，充滿喜怒哀樂的故事使世界更精彩、更安撫人心。

奧林帕斯十二主神

　　希臘羅馬宗教中的奧林帕斯十二神，是希臘神話和宗教中最重要的神，住在神聖的奧林帕斯山上，在宙斯率領下戰勝了泰坦，取得世界的統治權。

　　自公元前5世紀，就已在奧林匹亞和博斯海峽的神廟被崇拜，祂們的事蹟流傳在古代詩歌和藝術作品中。其實這十二主神，都是宙斯家族的成員。有的是宙斯的兄弟姐妹，宙斯娶姐姐希拉為妻子及宙斯和不同妻子所生的兒女。

宙斯 —— 希拉的兄弟和丈夫	希拉 —— 宙斯妻子和二姊
波賽頓 —— 宙斯的二哥	雅典娜 —— 宙斯和墨提斯之女
阿波羅 —— 宙斯和勒托之子	阿蒂蜜絲 —— 宙斯和勒托之女
阿芙羅黛蒂 —— 宙斯和狄俄涅之女	阿瑞斯 —— 宙斯和希拉之子
赫費斯托斯 —— 希拉之子	荷米斯 —— 宙斯和邁亞之子
荷米斯 —— 宙斯和邁亞之子	赫斯提亞 —— 宙斯的大姊

　　其中有六位主神的鈔票整理如下:

萬神之王宙斯 Zeus（羅馬神話名：朱比特Jupiter）

　　天神，萬神之王。奧林帕斯山的主宰，天空、天氣、雷電、法律、秩序和命運之神。

祂心情好時就陽光明媚，祂流淚時，天空就下雨，當宙斯穿上白大衣時，就是雪天，白天和黑夜都聽從宙斯的命令。祂也是風流的宙斯，常被以「換女人比換衣服還快」來形容祂。常被刻畫為一個有著深色鬍鬚的堅韌中年男子。

希臘萬神之王
宙斯（Zeús）
1000 Drachmai，1970年版

海神波塞頓 Poseidon（羅馬神話名：涅普頓 Neptunus）

　　宙斯的二哥。三兄弟中，宙斯主宰天堂，黑帝斯執掌地獄、波塞頓執掌海洋，陸地由三人共同統治。波塞頓地位僅次於宙斯。海神的武器是三叉戟，能夠擊碎巨大的岩石形成海島，也可用來幫助人類開拓清泉，使人類能夠灌溉耕種，因此又被稱為豐收之神。外出時會手持三叉戟，然後駕駛著黃金戰車出去，大海會為祂開道，海豚也會前來護送祂。

　　在古典作品中祂是一個有著深色鬍鬚的堅毅中年男子，手持三叉戟。

希臘海神
波塞頓（Poseidon）
50 Drachmai，1978年版

光明之神阿波羅 Apollo（羅馬神話名：福玻斯 Phoebus）

　　希臘神話中最多才多藝、最俊美的神也象徵男性之美，象徵理性和調和。

　　祂是希臘神話中的光明之神、文藝之神以及羅馬神話中的太陽神及農業之神。是祂宰殺野狼，被奉為牛羊的保護之神。祂的神諭靈驗無比，也被奉為預言之神。能去病療疾，助人趨吉避凶，被奉為醫護之神。祂是音樂家、詩人和射手的保護神，也稱真理之神。

　　祂常被描繪成一個英俊無鬚的青年，頭戴桂冠，手持弓箭和箭袋或里拉琴。祂有名的大理石雕像，被稱為Apollo Belvedere，現珍藏於梵蒂岡博物館。

希臘光明之神
阿波羅（Apollo）
1000 Drachmaes，1987年版

美神阿芙蘿黛蒂 Aphrodite（羅馬神話名：維納斯Venus）

愛神、美神，宙斯和狄俄涅之女。代表愛、興趣、美麗、誘惑以及樂趣的女神。有著古希臘最完美的身材和樣貌，象徵愛情與女性的美麗。被尊奉爲航海者的保護神，而且許多巫師則把阿芙蘿黛蒂視作最受尊敬最受崇拜的神靈。

丈夫是赫菲斯托斯，但祂同時周旋在很多情夫之間。雖然她身爲愛神，卻無法支配自己的愛情，總是得不到眞愛，造成往後人類愛情之路總是不怎麼順暢。猜疑、憂慮、痛苦和哀傷各種感情因素時而走入愛情之中。

賽普勒斯美神
阿芙蘿黛蒂（Aphrodite）
20 Pounds 1997年版

正義之神雅典娜 Athena（羅馬神話名：密涅瓦Minerva）

是希臘神話中的智慧和戰爭女神、農業與園藝的保護神、司職法律與秩序的女神。

祂是宙斯的女兒，傳授紡織、繪畫、雕刻、陶藝、畜牧等技藝給人類。祂從萬神之王宙斯的頭顱誕生。也是位女戰神，備受希臘人民崇拜，尤其是雅典城以祂命名的並受祂守護。祂常被描繪成頭戴戰鬥之冠，手持長矛和提著裝飾有美杜莎頭顱的神盾。三大處女神之一，但卻不躲避男人的傾慕。羅馬神話裡名叫密涅瓦。

雅典巴特農神殿就是用來祭祀祂，廟裡面有一座祂的巨大雕像。

希臘正義之神
雅典娜 （Athena）
100 Drachmai，1978年版

月亮女神阿蒂蜜絲Artemis（羅馬神話名：黛安娜Diana）

　　宙斯和勒托的女兒，阿波羅的攣生姐姐。在帕福斯（Paphos）發現的狩獵與月亮女神阿蒂蜜絲的頭部雕塑（大理石材質，古羅馬時期）、仙客來上弦月是祂的弓，月光是祂的箭。祂給大地帶來朝露、雨水、冰霜。祂給耕耘過的土地、穀物、豐收在望的田地帶來益處。在古希臘，人們祭祀月亮女神的時候，就要點燃橡木火把，後來變成供奉甜餅並點燃蠟燭，現今演變成慶祝孩子生日的方式──晚上在蛋糕上插蠟燭，吹熄並且許願。

　　阿蒂蜜絲和同父異母的妹妹雅典娜和姑姑赫斯提亞，並稱為希臘三大處女神，雅典娜和阿蒂蜜絲是宙斯最寵愛的兩個女兒。

賽普勒斯月亮女神
阿蒂蜜絲（Artemis）
10 Pounds，1997年版

4.06 中華古代名人

在多數國家的紙幣肖像，都以國家英雄、領導人或政治人物為代表，隨著國家的民主化，鈔票上的人物慢慢改變成對國家、社會或對世界有貢獻的名人。

民國初年，為了表達正統性、全國性，不少銀行紛紛印上中華文化代表人物，但以1932年初日本扶植滿洲國，同年滿洲中央銀行開張以後，所發行的鈔票最具代表性。

日本動用武力奪取整個東北，但日本國內經濟不足以支撐侵華戰爭軍費，因而實行「以戰養戰」的政策。一方面通過發行軍用票，在淪陷區強制推行，將軍費強加在淪陷區人民身上。另方面成立銀行，發行錢幣，購買糧食、布匹、煤炭、銅、鐵等戰略物資。爭取東北人民的向心力，所發行的鈔票人物都是中華文化代表性人物。如下的孟子、財神爺最具代表性。

滿洲紙幣設計、製版和印製幕後承辦者是日本印刷局雕刻課課長加藤倉吉。這就是為何票面風格與日本明治時期的紙幣非常相似，因都是同樣的製作者。滿洲鈔票本身與日圓直接掛鉤，比值為1:1。

孟子

　　山東省鄒城人。東周戰國時期儒家代表人物，著有《孟子》一書。有「亞聖」之稱，與孔子合稱爲「孔孟」。

中國亞聖
孟子（前372年－前289年）
鈔票中央上方有滿洲國國徽
5圓，1938年版

財神爺

中國武財神趙公明元帥，掌管四名與財富有關的小神，其分別是招寶、納珍、招財和利市，因而成為財神。

中國財神
趙公明
鈔票中央上方有滿洲國國徽
10 圓，1937年版

中國通商銀行

在清廷重臣李鴻章、翁同龢的建議下，1896年11月清帝諭旨：「招商集股、合力興辦。」

在光緒二十三年（1897年）正式成立。成為近代中國首家華商銀行，標誌著中國金融企業——銀行業的開始，是中國首家獲政府批准發行鈔票的銀行，從光緒二十三年（1897年）成立開始發行鈔票，直到民國二十四年（1935年）政府取消發行權為止，鈔票發行長達38年之久，成為中國近代史上發行鈔票歷史最長的商業銀行。

民國二十一年發行的鈔票上，印有左手端著元寶、右手手持如意的站立

財神像。

財神
民國21年發行
左手端著元寶、右手手持如意的站立財神像
5圓

日本在南京設中國聯合準備銀行

　　1937年12月，日軍占領中國首都南京，王克敏出任日軍扶植的「中華民國臨時政府」行政委員會委員。實施以戰養戰、以華治華的戰略。1938年冀東政府和北平王克敏的中華民國臨時政府合併，同年成立中國聯合準備銀行，王克敏早年是清政府派到日本，專門監視留日學生副監督，後來升任駐日公使參贊。日後當過銀行總經理、總裁和財政總長等職。1945年，日本投降，王克敏被國民政府以漢奸罪逮捕。

　　為了對外表示中國正統政權，特將中華文化祖先黃帝印在鈔票上，孔子、堯帝、名醫華佗也都印上，更將忠義千秋關羽、精忠報國岳飛都登上鈔票的榜單上。但這種鈔票無法蒙騙人民，所以這些發行的鈔票被百姓稱為「漢奸票」、「走狗票」。

　　1945年，日本投降，中國聯合準備銀行結束，聯准券5元兌換法幣1元。

黃帝（BC2717-BC2599）
遠古時期中國神話人物，為《史記》中的五帝之首。被稱為中華民族的祖先。
100 圓

堯帝（BC2356-BC2255）
中國傳說歷史中的人物，是五帝之一。道教中為天官大帝，誕辰日為上元節。
10 圓

孔子（約BC551年－約BC479年）
後代敬稱孔子或孔夫子。曾在魯國擔任官府要職。為易學、儒學和儒家的創始人。
1 圓

關羽（160-220）
東漢末年三國時期，劉備的重要將領。忠義勇武形象，被民眾尊為關公、關老爺。
10 圓

岳飛（1103-1142）

中國歷史上著名將領。具文學才華，不朽詞作《滿江紅・寫懷》，著有《岳忠武王文集》。

10 圓

孫中山成為鈔票上的肖像

1940年，汪精衛在日本扶持下，組成除東北之外，所有中國淪陷區南北結合的偽「中華民國國民政府」。

1941年，中央儲備銀行正式開業，總行在南京。汪精衛是孫中山的信徒，所以此時發行的鈔票肖像全都改成孫中山，不再以中華人物為肖像。

4.07 拉美國度

拉美國度，泛指美國以南的全部美洲國家與地區，因國家眾多，特以南美的巴西、北美的墨西哥和中美的古巴作為代表。

1.南美巴西，追求「秩序與進步」的國家

「舌尖上的中國，腳尖上的巴西，車輪上的德國，酒杯裡的法國」。在巴西「不懂足球的人當不上巴西總統」。現任女總統羅塞芙，會見教宗方濟後說「儘管教宗是阿根廷人，但上帝可是巴西人」，上帝厚愛巴西，給予得

天獨厚的熱帶風情，人們每天就是陽光、海灘、美女、足球、森巴、咖啡享受生活。機場大廳標語「這裡沒有黑人、白人、黃人，只有巴西人」。「白＋黑＝巴西風格」。巴西是民族大融合的國度。國旗上葡萄牙文「ORDEM E PROGRESSO」就是「秩序與進步」意涵，正是巴西民族的自我要求和期許。

足球、森巴、烤肉、咖啡是巴西的封面

2億6百多萬人口，豐富自然資源，南美第一大經濟體。航太、水力發電是巴西的驕傲，農業就業人口占60％。擁有全球最多的鐵礦、蔗糖跟牛肉和「地球之肺」的熱帶雨林與世界水流量最大的亞馬遜河。巴西經歷印地安、歐洲、非洲文明的融合，上世紀接納義大利、日本及二戰被迫害的猶太移民，不同文化融合。足球、森巴、烤肉、咖啡是巴西的封面，深深融入民族的血液。透過全國性的足球和森巴團結著國內不同種族及向心力。

意外偏航發現巴西

1500年，葡萄牙航海家佩德羅・卡布拉爾（Pedro Cabral）艦隊意外的偏航，在巴西的Porto Seguro上岸，命名爲「聖十字架島」，巴西自此成爲葡萄牙的殖民地。16世紀中，葡萄牙人在新大陸上萃取pau brasil，也就是「巴西木」紅木汁液當作染料。「巴西」這個字流傳下來，成爲國家名稱。

1693年，巴西發現大金礦，成爲世界黃金產地，造就出富裕的葡萄牙。

發現巴西的探險家
佩德羅‧卡布拉爾（Pedro Cabral, 1467–1520）
10 Reals，2000年版

巴西帝國皇帝
佩德羅一世（Dom Pedro I, 1798–1834）
5 Cruzeiros，1974年版

不獨立毋寧死，建立巴西帝國

　　1807年，拿破崙入侵葡萄牙，1808年被法軍占領，女王瑪麗亞一世遷

都里約熱內盧，葡萄牙帝國中心轉移到巴西，1815年拿破崙被打敗，在巴西的攝政王子若昂六世，提升巴西為王國。1821年葡萄牙議會將巴西降為殖民地，王室被要求返國，其子佩德羅一世留駐巴西為攝政王。1822年，佩德羅攝政王職務被廢除，葡萄牙討伐巴西，佩德羅拔劍宣誓「不獨立，毋寧死！」巴西宣告獨立，建立巴西帝國，由葡萄牙親王佩德羅一世及其子佩德羅二世統治，1825年，葡萄牙才承認巴西的獨立。

「秩序與進步」帝國滅亡， 共和建立

在佩德羅二世統治下，巴西帝國和鄰國的三場戰役皆取得勝利。但戰爭使國內經濟下滑，人民時有怨言，巴西黑人起義。1870年代以後，廢奴主義呼聲大。1888年廢除奴隸制度，外來移民取代奴隸，造成黑人失業。大片園地和興起工業需要大量勞動力，巴西東南地區有巨大移民潮，義大利人和葡萄牙人為主要移民。正值南美洲各國革命獨立時期，農場主和地主不滿王室廢除奴隸，倒戈要打倒帝政實現共和。1889年，由德奧多羅‧達‧豐塞卡建立第一共和國取代帝國，新政府打著「秩序與進步」的口號，以總統制推動巴西的近代化，佩德羅二世逃亡法國，巴西帝國滅亡。

巴西帝國末代皇帝
佩德羅二世（Pedro II, 1825–1891）
10 Cruzeiros，1974年版

巴西總統
德奧多羅·達·豐塞卡（Deodoro da Fonseca, 1827–1892）
500 Cruzeiros，1981年版

歷經獨裁、政爭、軍事政變，民主終於開花結果

　　共和後的巴西號稱自由民主制度，卻奉行寡頭政治，只有富裕人家才有選舉權和被選舉權，當時以咖啡業爲經濟重心，美國發生華爾街股災，引發經濟大蕭條，咖啡價格急劇下跌，巴西經濟大受打擊，城鄉貧富懸殊。直到瓦加斯總統上臺後，致力改善政治、經濟和民生，國家再次走向富強，兩次執政成爲平民心目中最偉大的政治家，有「窮人之父」的雅號。二戰後，民主呼聲日益高漲，強迫瓦加斯下台，瓦加斯在總統府內以手槍自殺身亡。

　　自此，巴西進入歷史上十幾年的黨派之爭。直到庫比契克執政才趨穩定，巴西走向經濟繁榮。1960年，首都由里約熱內盧遷往巴西利亞，努力建設首都。

　　1988年，新憲法確定，隔年直選出巴西總統。2002年，盧拉·達·席爾瓦成爲巴西歷史上第一位通過民主選舉取得政權的左翼總統。盧拉出身赤貧，曾在街頭賣花生、擦鞋，學歷只是小學二年級，從一名金屬工人，變成工會領袖進而從政，1980年，創立巴西今日的執政黨「勞工黨」，擔任巴西總統期間，締造巴西最長的經濟榮景，幫助數百萬民眾走出貧困。

　　2010年，迪爾瑪·羅塞芙女士當選巴西第一位女總統，降低通貨膨脹

率、協助2000萬人脫離貧窮，巴西成爲全球第八大經濟體。2015年羅塞芙蟬聯總統，卻陷入貪污弊案危機，造成經濟空轉內耗。

巴西總統
熱圖利奧‧瓦加斯（Getúlio Vargas, 1882–1954）
1 Centavo，1967年版

巴西總統
儒塞利諾‧庫比契克（Juscelino Kubitschek, 1902–1976）
100 Cruzados，1987年版

巴西文化的覺醒

　　脫離葡萄牙獨立的巴西，經歷300多年的殖民歷史，被笑稱「拿著金飯缽的乞丐」、「一個貧苦的文學鄰居」。隨著民族意識的覺醒，巴西知識份子開始重視本土創作，試圖從歐洲文學之外，發展示出熱帶風情的巴西文化。來自歐洲、非洲、亞洲的移民，巴西已成為一個民族大熔爐，在文學、音樂、舞蹈都有傑出的表現。

若阿金・阿西斯——巴西文學界最偉大的人物。見證共和國取代帝國時的政治變革。巴西文學開創性人物，有「巴西的狄更斯和杜思妥耶夫斯基」之稱。

梅西萊斯——巴西著名作家和教育家，巴西現代主義主要詩人，被譽為以葡萄牙語寫作的最佳女詩人。

海托爾・羅伯斯——拉美最負盛名的巴西古典樂作曲家，有「印地安白人」之稱，國歌作曲者。音樂風格深受巴西民俗音樂影響。

卡洛斯・安德拉德——巴西詩人、小說家。觸角伸向社會的黑暗和被踐踏的小人物。

卡馬拉・卡斯庫多——巴西人類學家、民俗學家、記者、歷史學家、律師和詞典編纂。

哥梅斯——巴西作曲家，作品具有義大利風情，包括根據阿倫卡爾《瓜拉尼人》寫成的歌劇。被授予巴西生態贊助人的尊稱，給後人留下許多難以忘懷的佳作名曲。

馬里奧・安德拉德——巴西著名詩人、小說家，作品反映社會現象，表現人生艱辛。詩集《幻覺之城》是巴西現代詩歌開端。

坎迪多・波爾蒂納里——巴西畫家，描繪貧困人家生活的繪畫蜚聲國際。聯合國大會大樓的壁畫〈戰爭與和平〉是他的作品。

巴西文學家
若阿金‧阿西斯
（Joaquim Assis, 1839–1908）
1000 Cruzados，1988年版

巴西女詩人
梅西萊斯
（Cecília Meireles, 1901–1964）
100 Cruzeiros，1990年版

巴西音樂家
海托爾‧羅伯斯
（Heitor Villa–Lobos, 1887–1959）
500 Cruzados，1987年版

巴西詩人
卡洛斯‧安德拉德
（Carlos Andrade, 1902–1987）
50 Cruzeiros，1990年版

巴西作家
卡馬拉·卡斯庫多
（Câmara Cascudo, 1898–1986）
50 Cruzeiros Reals，1993年版

巴西作曲家
哥梅斯
（Gomes Antônio Carlos, 1836–1896）
5000 Cruzeiros，1992年版

巴西詩人
馬里奧·安德拉德
（Mario de Andrade, 1893-1945）
500 Cruzeiros Reals, 1993年版

巴西壁畫大師
坎迪多·波爾蒂納里
（Candido Portinari, 1903-1962）
5 Cruzados Novos，1989年版

奧斯瓦爾多·克魯斯——巴西醫學家。確定克魯斯錐體蟲病病因，發起全國衛生運動，消除淋巴腺鼠疫、黃熱病和天花。

巴西醫學家
奧斯瓦爾多·克魯斯（Oswaldo Cruz, 1872–1917）
50 Cruzados，1986年版

奧古斯都·路斯奇——生物學家、環保學者、蜂鳥和蘭花的專家。在他推廣下，巴西設立許多生態保護區，著作有400餘篇等20多種科技書籍。

巴西生物學家
奧古斯都‧路斯奇（Augusto Ruschi, 1915–1986）
500 Cruzeiros，1990年版

米達勒‧巴希──國際知名生物醫學科學家和免疫學家。發現用於治療響尾蛇毒液的多價抗蚜蟲血清。 第一個開發出蝎子和蜘蛛抗毒血清。

巴西生物學家
米達勒‧巴希（Vital Brazil, 1865–1950）
10000 Cruzeiros，1993年版

2.北美墨西哥，充滿印地安文化的民族

墨西哥是世界上印地安人最多的國家，墨西哥總人口數約1億2千萬人，60%的人口為印歐混血，30%是印地安人後裔。古代印地安人在此創造出瑪雅文明和阿茲特克文明。

赫爾南·科爾特斯

殖民時代，活躍在中南美洲的西班牙殖民者，以摧毀阿茲特克古文明、並在墨西哥建立西班牙殖民地而聞名。1519年率軍入侵墨西哥，1521年征服阿茲特克帝國，後任新西班牙總督。

西班牙探險家
赫爾南·科爾特斯（Hernan Cortes, 1485–1547）
1000 Pesetas，1992年版

米格爾·伊達爾戈

墨西哥民族英雄，墨西哥獨立之父。

1810年9月16日，墨西哥土生的西班牙神父，年近60歲的米格爾·伊達爾戈在多洛雷斯城敲響教堂的大鐘，召來市民和農民宣布：「對於我們，國王也好，稅捐也好，再也不存在。這些可惡的賦稅，是殘暴和奴役的象徵，

壓迫了我們3個世紀。」「你們願意自由嗎？300年前，可恨的西班牙人，奪去我們祖先的土地，你們願意奪回來嗎？」群眾齊聲高呼：「獨立萬歲！」「絞死殖民強盜！」這就是墨西哥，歷史上著名的「多洛雷斯呼聲」。這一天，後來被定為墨西哥獨立日。

伊達爾戈打出「廢除奴隸制度」、「廢除印地安人的貢稅」、「一切非法奪取的土地歸還印地安人」口號展開革命。

伊達爾戈原定計劃10月1日起義，但起義計劃被告密洩漏，經多明戈斯夫人冒險通知，決定提前起義，順利點燃獨立戰火。剛開始取得很大成功，但因缺乏軍事經驗，內部又發生分裂，戰鬥力逐漸削弱。1811年，伊達爾戈在戰爭撤退途中，遭伏擊被俘，審訊後被槍決。

墨西哥民族英雄
米格爾‧伊達爾戈（Miguel Hidalgo, 1753–1811）
10 Pesos，1969年版

多明戈斯

墨西哥民族英雌，市長夫人，為墨西哥的民族獨立付出很多貢獻。

墨西哥民族英雌
多明戈斯（Josefa Ortiz de Dominguez, 1768–1829）
5 Pesos，1969年版

何塞·瑪麗亞·莫雷洛斯

墨西哥天主教神父，墨西哥獨立戰爭主要領導人之一。

墨西哥民族英雄
何塞·瑪麗亞·莫雷洛斯（Jose Maria Morelos, 1765–1815）
50 Pesos，2004年版

墨西哥城血戰的6名少年英雄

美墨在1846–1848年爆發戰爭。1847年美軍司令溫菲爾得‧斯科特對墨西哥維拉克魯斯市實施兩棲登陸作戰，血流成河，7天後，美軍攻占該城。美軍要奪取墨西哥首都時，城內已經聚集了1.5萬墨國官兵。美軍就先行攻打查普爾特佩克山，企圖居高臨下控制墨西哥城。

戰鬥激烈，墨西哥軍事學院學生英勇還擊，美軍死傷慘重，有6名少年學員，戰鬥到最後光榮犧牲，被譽爲「少年英雄」。

1848年，美墨簽訂《瓜達羅佩‧伊達爾戈條約》，美國攫取墨西哥近半領土，約230萬平方公里，包括今天美國的加利福尼亞州、內華達州、猶他州、亞利桑那州和新墨西哥州的大部，以及科羅拉多州和懷俄明州的一部分。美國僅付給墨西哥1500萬美元作爲補償。美國一躍成爲地跨大西洋和太平洋的大國，從此主宰美洲。

這場戰爭「美軍猶如一頭闖進墨西哥玉米地的黑熊，只不過並不稀罕美味的玉米，而是把土地作爲唯一的目標。」親自參與戰爭的美國名將格蘭特說：「這場戰爭是強大民族對弱小民族最不正義的戰爭。」

墨西哥民族英雄
查普爾特佩克山戰役（6名少年英雄 Chapultepec Battle）
5000 Pesos，1985年版

胡亞雷斯·加西亞

墨西哥第一位印地安土著總統。1858年，胡亞雷斯出任代總統。1859年，頒布《改革法》沒收天主教會財產，政教分離。1861年，正式當選總統。擊退英、法、西三國聯軍的武裝干涉，粉碎法國在墨西哥建立的傀儡帝國。1864年至1867年，成功反抗拿破崙三世的侵略，1867年，處死拿破崙三世扶植的傀儡皇帝。戰爭結束後，兩次當選總統。

墨西哥總統
胡亞雷斯·加西亞（Benito Pablo Juárez García, 1806–1872）
20 Pesos，2007年版

墨西哥革命

1910年，弗朗西斯科·馬德羅號召墨西哥人民起義，推翻迪亞斯·莫里獨裁統治，人民蜂擁群起參與革命，各派系之間長期流血鬥爭，1920年，終於結束獨裁統治，建立憲共和國。

1876年至1911年，迪亞斯·莫里獨裁統治30餘年，雖然將全國鐵路擴張建設，大量引進美國資金，卻造成社會貧富懸殊，無產階層大增，人民怨聲載道。迪亞斯想第7次連任總統，自由派馬德羅聲明參加1910年競選，反對獨

裁、提出保護民族工業和建立憲政國家政策，選前被逮捕，直到迪亞斯逕行宣布獲勝後，才被獲釋，出獄後發表「聖路易斯彼托西計畫」，要求迪亞斯辭職，宣揚實施分配土地和改革選舉制度，號召人民起義。北方的奧羅斯科、潘喬‧維亞和南方埃米利亞諾‧薩帕塔，領導農民進行武裝革命。1911年，迪亞斯被迫辭職，弗朗西斯‧科馬德羅就任總統。馬德羅就任總統後，卻未實現土地歸還農民諾言，反而解除農民遊擊隊武裝，人民大失所望。1913年，迪亞斯部將維克托里亞諾‧韋爾塔倚仗美國支持，發動政變並暗殺馬德羅竊取政權。墨西哥人民掀起反韋爾塔戰鬥。

1914年，在薩巴塔、潘喬‧維亞的農民軍會合和憲政主義者配合下，攻進墨西哥城，韋爾塔逃走。憲政主義者貝努斯蒂亞諾‧卡蘭薩，奪取政權就任總統。1916年卡蘭薩政府擊敗農民軍。

1917年在民主潮流壓力下召開全國立憲會議，制定墨西哥合眾國政治憲法，擔任新憲法首位總統。1910-1917年墨西哥民主革命終於完成。

這時段造就出一位獨裁、二位草莽英雄、三位總統緊湊的互動、精彩的過程，在墨西哥歷史上永遠是最亮眼、流傳不斷的史詩！

墨西哥
墨西哥革命
100 Pesos，2007年版
鈔票中為〈墨西哥革命〉壁畫

弗朗西斯科‧馬德羅

1911年—1913年，出任墨西哥總統。1910年參加競選總統遭逮捕，出獄後號召人民起義，迫使獨裁統治垮臺，馬德羅執政後食言，受到革命派和保守派夾擊。1913年，參謀長韋爾塔在美國操縱下發動政變，馬德羅被捕入獄後遭刺殺而亡。

墨西哥總統
弗朗西斯科‧馬德羅（Francisco Madero, 1873–1913）
500 Pesos，1984年版

埃米利亞諾‧薩帕塔

墨西哥民族英雄，領導墨西哥南方農民武裝革命，為印地安人的權利而戰鬥。提出革命解決農民問題，以「土地與自由」為口號，要求實行土地改革。早期支持墨西哥總統馬德羅，馬德羅進入墨西哥城後，薩帕塔要求將種植園的土地，歸還給印地安人，馬德羅食言，解除游擊隊的武裝。薩帕塔宣布，馬德羅沒有能力實現革命的目標。1913年，韋爾塔將軍暗殺馬德羅。薩帕塔和潘喬‧維亞北部農民軍及憲政軍聯合，1914年7月，韋爾塔被迫離開墨西哥。1917年，憲政軍卡蘭薩擊敗潘喬‧維亞，使薩帕塔陷於孤立。卡蘭薩召開制憲議會，成為共和國總統。1919年薩帕塔遭伏擊身亡。

墨西哥民族英雄
埃米利亞諾·薩帕塔 （Emiliano Zapata Salazar,1879–1919）
10 Pesos，1994年版

貝努斯蒂亞諾·卡蘭薩

墨西哥第一任立憲總統（1917～1920），墨西哥革命領導人之一。

1914年聯合南北農民軍推翻韋爾塔集團，後轉而鎮壓農民武裝。1916年阻止美國軍事遠征隊進入墨西哥。1917年頒布新憲法，恢復憲政民主體制，當選總統。

新憲法力主政教分離，規定政府有權沒收富有地主的土地，保障工人權利和限制羅馬天主教的權力。但由於遲遲不進行土地改革而引起社會騷亂。1920年卸任，強行決定接班人，遭到反對而逃亡，途中被殺。

墨西哥首任立憲總統
貝努斯蒂亞諾‧卡蘭薩（Venustiano Carranza, 1859–1920）
100 Pesos，1982年版

墨西哥文學深受古印地安影響

　　墨西哥流著古印地安血液，當地文學、藝術、衣食等也深受印地安文化影響，現代墨西哥文學反映了歷史的演進，還有拉美原住民文化在列強侵擾下反射出的影響與曙光。

胡安娜‧伊內斯‧德‧拉‧克魯斯

　　墨西哥女詩人，17世紀拉丁美洲最偉大的詩人，被譽為「第十位繆斯」。

　　主要作品有長詩《初夢》和《神聖的納爾西索》，劇作有喜劇《家庭的責任》和《愛情是個大迷宮》及3部宗教短劇。16歲進入修道院。除了完成分內的宗教職責外，大部分的時間進行文學創作和科學研究。除詩歌外，還寫些散文和戲劇。

墨西哥詩人
胡安娜·伊內斯·德·拉·克魯斯（Juana Ines de la Cruz, 1651–1695）
200 Peso，2007年版

安德烈斯·金塔納羅奧

　　偉大的散文家和多產作家、詩人和記者，曾擔任議員以及國務卿。獨立戰爭時的重要人物。1813年，主持制憲會議，制定阿帕欽甘的憲法。在墨西哥帝國阿古斯汀一世中擔任外交部副部長，還擔任過最高法院大法官。創立墨西哥學院。為了紀念他，金塔納羅奧州以他為名，是所有墨西哥州當中每天最早見到太陽的地方。詩歌《贊1821年9月16日》是獨立戰爭的頌歌。編輯過美洲郵報。妻子就是有「祖國可愛的母親」之稱的利昂娜維卡里奧，她生前時常提供情報和資金贊助革命運動，死後被待以國葬之禮。

墨西哥作家
安德烈斯・金塔納羅奧（Andres Quintana Roo, 1787–1851）
20000 Pesos，1985年版

3. 中美古巴，被孤立半世紀的國家

1492年，哥倫布發現古巴島，古巴和拉丁美洲一樣成爲西班牙殖民地。

原先的印地安人，被西班牙人屠殺驅逐或賣到島外，西班牙大量進口非洲黑奴從事勞役、奴隸買賣，古巴成爲整個美洲黑奴集散地，黑人幾乎占古巴人口一半，其他是西班牙人後裔。古巴成爲以非洲黑人和西班牙移民融合而成的國家。古巴人祖先都是坐船而來的移民。

古巴作家塞凡提文學獎獲得者阿萊霍・卡彭鐵爾說：「我們古巴人是在船上出生的。」

古巴30年解放戰爭

1810年–1825年，正值民族主義抬頭，拉美紛紛掀起革命反對殖民統治，當全拉丁美洲完成獨立大業後，就只剩下古巴、波多黎各等海島仍處在西班牙的奴役，古巴的獨立成爲拉丁美洲解放的最後一環。

1868—1898年，古巴進行一場長達30年的反西班牙殖民統治戰爭，史稱古巴30年解放戰爭。這戰爭可分成三個階段：

戰爭第一階段（1868—1878年）

1868年9月，西班牙爆發革命，女王伊莎貝拉二世被推翻，古巴人民乘機

掀起獨立行動。發表「亞拉號召書」，號召人民為自由、平等和獨立而戰，選舉「勇士將軍」塞斯佩德斯為總統。但在保王勢力支持及政治收買等手段下，起義軍接連受挫，獨立戰爭終至失敗。

戰後，殖民當局被迫承認，參加獨立戰爭的黑奴和契約華工享有自由，並宣布廢除奴隸制，進行政治改革。

卡洛斯·曼努埃爾·德·塞斯佩德斯

古巴國父，帶頭反抗西班牙殖民統治、爭取獨立。

古巴國父
卡洛斯·曼努埃爾·德·塞斯佩德斯（Carlos Manuel de Céspedes, 1819–1874）
100 Pesos，2004年版

伊格納西奧·阿格拉蒙特

古巴獨立戰爭英雄、烈士，憑著自己的才能和勇敢成為將軍。並負責起義軍在卡馬圭的防務，精通各種武器、戰法。1871年救出受傷被俘的起義軍將領胡利奧·桑吉利。

古巴獨立英雄
伊格納西奧‧阿格拉蒙特（Ignacio Agramonte Loynaz, 1841–1873）
500 Pesos，2010年版

加西亞‧伊尼古茲

　　古巴將軍、律師，從古巴十年獨立戰爭到第二次獨立戰爭中擔任將軍，領導古巴人為獨立而奮鬥。

古巴將軍、律師
加西亞‧伊尼古茲 （Calixto Garcia Iniguez, 1839–1898）
50 Pesos，2002年版

戰爭第二階段（1878—1895年）

西班牙不僅不履行承諾，反而進一步加強對古巴的掠奪，社會矛盾更加激化。

何塞・馬蒂在美國紐約成立古巴革命黨，宣布將以革命戰爭，贏得古巴完全獨立，並要幫助波多黎各得到解放，要把古巴變成一個獨立民主的共和國。

何塞・馬蒂

古巴民族英雄、詩人，第二次獨立戰爭領袖。創立古巴革命黨。

古巴民族英雄
何塞・馬蒂（José Martí, 1853–1895）
1 Peso，2007年版

安東尼奧・馬塞奧

1878年，馬塞奧在巴拉瓜拒絕接受沒有獨立的和平與不取消奴隸制的和平，決心繼續戰鬥。人們稱這次會見爲「巴拉瓜抗議」，成爲古巴革命者不妥協的象徵。

古巴獨立戰爭英雄
安東尼奧・馬塞奧（Antonio Maceo Grajales, 1845–1896）
5 Pesos，1997年版

戰爭第三階段（1895-1898年）

1895年，古巴第二次獨立戰爭爆發。馬蒂和戈麥斯共同簽署《蒙特克利斯蒂宣言》。馬塞奧同馬蒂和戈麥斯三人領導反對西班牙專制統治的武裝鬥爭。1897年年底，宣布古巴自治。

1898年，美、西兩國簽訂巴黎和約，由美國擁有古巴主權。直到1902年5月古巴正式獨立，西班牙對古巴的400年殖民統治被推翻。

馬克西莫・戈麥斯

古巴民族英雄。和馬蒂、馬塞奧一起領導古巴第二次獨立戰爭，是革命軍總司令。

古巴英雄
馬克西莫‧戈麥斯（Máximo Gómez y Báez, 1836–1905）
10 Pesos，1997年版

古巴革命 —— 一甲子後終於「建立古巴人的古巴」

奮鬥30年的獨立戰爭，卻只換了另一個宗主國。1902年，美國雖然承認古巴獨立，卻只是扶植傀儡政權，古巴獨而不「立」成為美國的半殖民地，美國扶植獨裁者巴蒂斯塔實行軍事獨裁，古巴淪為毒梟及冒險家天堂。

1956年，82名古巴革命者乘著「格拉瑪號」遊艇，在菲德爾‧卡斯楚的領導下，從墨西哥啟航前往古巴，開啟了反抗古巴統治者巴蒂斯塔的革命活動，獨立進入另一革命時期。

卡斯楚和好友切‧格瓦拉，以「建立古巴人的古巴」口號，領導反政府革命，於1959年推翻巴蒂斯塔建立政權。

胡里奧‧安東尼奧‧梅里亞

古巴革命家、共產黨創始人。

古巴革命家
胡里奧・安東尼奧・梅里亞（Julio Antonio Mella, 1903–1929）
1000 Pesos，2010年版

卡米洛・西恩富戈斯

　　古巴民族英雄、革命家，追隨卡斯楚和其他81人乘坐格拉瑪號回古巴進行戰鬥。率領游擊隊迫使政府軍在亞瓜哈伊投降，獲得「亞瓜哈伊英雄」稱號。此後，西恩富戈斯在古巴軍隊高層任職，成功鎮壓反卡斯楚的暴動，並在土地改革中扮演重要角色。

古巴革命家
卡米洛‧西恩富戈斯（Camilo Cienfuegos, 1932-1959）
20 Pesos，2000年版

法蘭克‧帕伊斯

　　古巴革命領導人，城市地下運動的重要組織者，與菲德爾‧卡斯楚的游游擊隊遙相呼應。1957年7月30日，帕伊斯被叛徒出賣，在古巴聖地牙哥街頭遭槍殺。身亡消息傳出後，導致聖地牙哥大罷工，此後7月30日被定為「革命烈士日」。

古巴革命家
法蘭克‧帕伊斯（Frank País García, 1934–1957）
200 Pesos，2010年版

切・格瓦拉

古巴革命英雄，西方左翼運動的象徵。

卡斯楚革命成功，鼓舞眾多殖民地尋求獨立革命的熱情，他的「革命輸出」改變了第三世界的地圖。他的革命夥伴切・格瓦拉也成為二十世紀傳奇的革命英雄。法國哲學家沙特稱頌切・格瓦拉為「我們這個時代最完美的人物」。切・格瓦拉參與古巴革命，推翻親美的巴蒂斯塔獨裁政權。勝利後是古巴第二號人物。最後因推動革命對抗帝國主義而喪生。

一個為理想放棄高官厚祿，重返革命戰場犧牲的巨人，是繼獨立運動西蒙・玻利瓦爾之後，拉丁美洲最偉大的革命家。切・格瓦拉的肖像，已被他一生立志要打倒的資本主義世界，塑造成反戰、反主流、反全球化的英雄象徵。

古巴英雄
切・格瓦拉（Che Guevara, 1928–1967）
3 Pesos，2004年版

能不能給我一張10美元鈔票

1940年，羅斯福總統收到一封來信：

「親愛的朋友羅斯福總統，我是一個古巴的兒童。我的家離你住的地方好像不太遠。我是個聰明的孩子，雖然只有12歲，卻經常思考問題，我喜歡收藏一些有價值的物品，比如美鈔。你能不能給我一張10美元的鈔票？至今

我還沒見過綠色的10元美鈔呢！你一定會滿足我的願望。難道不是嗎？」信末簽名菲德爾‧卡斯楚。

美國外交部給了回信，在卡斯楚學校引起轟動。然而願望並沒有得到滿足，因為信裡沒有附上10美元鈔票。在給羅斯福總統寫信19年後，卡斯楚推翻古巴獨裁政府，建立革命政府，拉開美國與古巴對立的序幕。

當初羅斯福總統若有付10美元鈔票給12歲的古巴學生，或許在卡斯楚的心中，對美國就會心存友善，美國、古巴關係就不會這麼緊張，美國就不用花上成千上萬的鈔票來攻擊和制裁，這一制裁就是50年。

4.08　末代皇帝

在民主化的洪流中，帝制國家慢慢地走向民主，有些皇帝就因時代的變遷，成為末代皇帝。特將一些代表性的人物整理如下。

賈南德拉‧比爾‧比克拉姆‧沙阿‧德瓦

2001年6月1日晚上，發生尼泊爾王室槍擊事件，王儲狄潘德拉因擇偶問題與他的母親發生爭執，在皇宮裡射殺王室成員，包括王儲本人在內的10人死亡，5人受傷。叔叔賈南德拉登基成為國王。2008年，尼泊爾宣告成立聯邦民主共和國，賈南德拉成為尼泊爾最後一位國王。

尼泊爾國王
賈南德拉‧比爾‧比克拉姆‧沙阿‧德瓦（Gyanendra Bir Bikram Shah Dev, 1947年–）
10 Rupees，2002年版

默罕默德·巴勒維

　　推行伊朗的現代化政策及承認以色列，和傳統市場商人階層發生衝突，加上皇室及領導層的腐敗，逐漸失去人民支持。到了1979年，伊朗發生革命，巴勒維被迫離開伊朗，成為伊朗最後的皇帝。

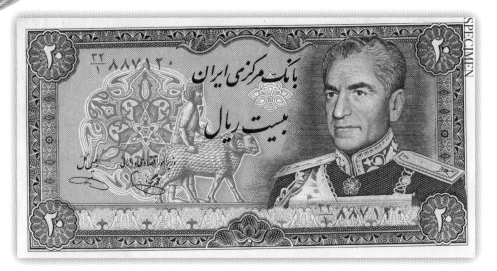

伊朗國王
默罕默德·巴勒維（Mohammad Reza Pahlavi, 1919–1980）
20 Rials，1974年版

西薩旺 · 瓦達納

寮國第二任國王，也是最後一任君主，是一個虔誠的佛教徒。自封為寮國佛教的保護者。

10歲時，前往法國蒙彼利埃留學。他在法國留學長達十年，歸國以後已經不會說寮國語了。國王只好派官員教了他幾年寮國語。

寮國國王
西薩旺 · 瓦達納 （Savang Vatthana, 1907–1978）
500 Kip，1974年版

默罕默德 · 查希爾 · 沙阿

阿富汗的「末代國王」，40年執政生涯和30載流亡歲月是他生平的濃縮寫照。

1933年其父遇刺身亡，年僅19歲就登上阿富汗王位。在位期間大力推進改革，允許婦女接受教育、制定憲法、吸收西方文化。但改革招致各地方部族反對。1973年，堂兄弟（前首相）趁其訪問義大利時發動政變，將其廢黜，成立阿富汗共和國，查希爾正式宣布退位。在接下來的29年中，他一直在義大利流亡。

1979年蘇聯入侵，長達10年的阿蘇戰爭，美國資助聖戰者反抗，查希爾也拒不涉足政治。

　　2002年，塔利班政權被推翻，查希爾重返阿富汗，受到廣泛支持，被授予「國父」稱號，他雖重返王宮，卻不謀求恢復君主地位，在祖國度過了生命的最後5年。

阿富汗末代國王
默罕默德・查希爾・沙阿（Mohammad Zahir Shah, 1914–2007）
10 Afghanis，1961年版

泰國納黎萱大帝
（Naresuan the Great, 1590–1605）
50 Baht，2012年版

達信大帝／鄭信大帝（Taksin，華裔）——吞武里王朝

　　緬軍入侵暹邏，攻陷大城王朝。鄭信借助華僑和泰人擊敗緬軍，建立泰國第三代王朝——吞武里王朝。愛民仁德，是泰國最偉大五位大帝之首。海外做皇帝，中華第一人。

泰國鄭信大帝
（Somdet Phra Chao Taksin the Great, 1734–1782）
20 Baht，1981年版

蒙固大帝（Mongkut）拉瑪四世──卻克里王朝（曼谷王朝）

拉瑪四世，電影「國王與我」中的男主角，精通七國語言，帝國勢力侵入東南亞時，折衝得當，使泰國成為東南亞各國中唯一不曾被西方統治過的國家。

泰國蒙固大帝（Mongut）
拉瑪四世（Rama IV, 1804–1868）
50 Baht，1997年版

朱拉隆功大帝（Chulalongkorn）拉瑪五世──卻克里王朝（曼谷王朝）

拉瑪五世，名朱拉隆功，卻克里王朝第五代君主。現代泰國的締造者。執政42年裡，泰國迅速發展為一個近現代化的國家，並且維持獨立。

泰國朱拉隆功大帝（Chulalongkorn University Great）
拉瑪五世（Rama V, 1853–1910）
100 Baht，200**年版**

卻克里王朝歷任國王

1782年起延續至今的泰國王室，歷經十任國王。

昭丕耶卻克里被吞武里王朝鄭信大帝封爲王子（義子），利用反對國王的叛亂發動政變推翻鄭信，成爲卻克里王朝建立者拉瑪一世。卻克里王朝君主在1932年前擁有專制權力，直到1932年泰國成爲君主立憲制國家，國王只是國家象徵。拉瑪二世允許歐洲商人通商。拉瑪三世在和越南、柬埔寨的戰爭中獲勝，與英國人簽訂了第一個條約。拉瑪四世（蒙固大帝）時泰國受到歐洲列強壓迫，1855年英國迫使泰國簽訂第一個不平等條約。拉瑪四世深感西方技術文化先進，積極推動現代化。拉瑪五世（朱拉隆功大帝）鼓吹民族主義君主制，走向現代資本主義社會。拉瑪五世被迫向英國和法國割讓領土，泰國免於變成列強殖民地。

拉瑪一世

昭丕耶卻克里原是泰國國王鄭信的親信，被封爲大元帥、皇子，兩人年紀僅差3歲。1782年利用反對國王的叛亂發動政變推翻鄭信，建都於曼谷。

泰國國王
拉瑪一世 （Rama I, 1737–1809）
500 Baht，2014年版

拉瑪二世

　　拉瑪二世是位詩人，順通鋪等著名詩人都受到他的保護。嘉慶十五年自稱鄭佛，受封爲暹羅王。允許歐洲商人在泰國通商。

泰國國王
拉瑪二世 （Rama II, 1767–1824）
500 Baht，1996年版，鈔票上左爲泰國拉瑪一世、右是拉瑪二世國王

拉瑪三世

拉瑪三世帕喃格勞，和越南、柬埔寨戰爭中獲勝，與英國人簽訂第一個條約。

泰國國王
拉瑪三世（Rama III, 1788–1851）
500 Baht，2001年版

拉瑪四世——蒙固大帝（鈔票參照前文）

改革泰國，40年後終能廢除奴隸制。創建小乘佛教的《正法派》，去除民間宗教和迷信。

拉瑪五世——朱拉隆功大帝（鈔票參照前文）

現代泰國締造者，修改憲法、廢除奴隸制度。以英制法，割讓部分領土，保住泰國獨立。

拉瑪六世

拉瑪六世哇棲拉兀，宣布採用姓氏，泰國人開始擁有自己姓氏。1910年即位進行卻克里改革。

泰國國王
拉瑪五世（Rama V, 1853–1910）
拉瑪六世（右）（Rama VI, 1880–1925）
100 Baht，2004年版

拉瑪七世

　　拉瑪七世巴差提步，1930年世界經濟危機，縮減國家經費、裁員減薪爆發革命，1932年泰國成為君主立憲制國家，結束700餘年的君主專制。

泰國國王
拉瑪七世（Rama VII, 1893–1941）
50 Baht，1996年版

拉瑪八世

拉瑪八世國王阿南塔・瑪希敦，是五世的孫子，六世的侄子。自瑞士留學歸國，執政8個月即遇刺身亡，時年19歲。

SPECIMEN

泰國國王
拉瑪八世（Rama VIII, 1925–1946）
20 Baht，2003**年版**

拉瑪九世 ── 泰國國王普密蓬・阿杜德

1950年正式加冕，2016年去世。在位70年，是歷史上第二長，僅次法王路易十四在位72年，超過歷史5000年的所有中國皇帝。（康熙帝在位61年，乾隆帝在位60年，漢武帝在位54年。）

在國王生涯中，泰國發生過20次政變、更換17部憲法、總理換了23人，但普密蓬的地位一直穩如泰山，被尊爲泰國的心臟、民族的靈魂、政壇的磐石。

泰國國王
拉瑪九世（Rama IX, 1927–2016）鈔票上為普密蓬國王與詩麗吉王后
80 Baht，2012年版

拉瑪十世——泰國國王瑪哈‧哇集拉隆功

泰國國王
拉瑪十世　瑪哈‧哇集拉隆功（Rama X, Mahawachiralongkon 1952-）
100 Baht，2012年版

英國女王的珍貴相冊

　　伊莉莎白二世至2018年已在位66年，高壽91歲，英國在位最久的君王，超越在位63年的曾曾祖母維多利亞女王。她也是包括澳大利亞、加拿大、紐西蘭等在內的英聯邦17個國家的元首，統治人口達1.38億。在位期間經歷14位英國首相，從邱吉爾到現在的德蕾莎·梅伊，出訪過116個國家和地區。伊莉莎白21歲生日時說：「我謹此宣布，我的一生無論是長是短，都將奉獻給人民和國家。」她一生就是在實踐著這個承諾。

30多個國家鈔票記錄美麗女王的一生

　　1952年出訪肯亞，得知父王去世中斷訪問飛回英國，走下飛機已是女王身分。

　　1953年，在西敏寺舉行加冕儀式。

　　伊莉莎白二世從少女至85歲不同年齡的肖像，發行在30多個不同國家的鈔票上，記錄了女王的成長。

25歲，登基前一年 —— 戴著結婚時印度海德拉巴的土邦君主送的結婚禮物（鑽石花葉項鍊）。

加拿大
英國女王伊莉莎白二世（Elizabeth II, 1926–）
2 Dollars，1954年版

26歲登基為英國國王——攝影師Dorothy Wilding於1952年拍攝的，女王佩戴著瑪麗王后的「英國及愛爾蘭之女王冠」。這個王冠是1893年瑪麗王后與喬治六世結婚時，喬治六世送給瑪麗王后的結婚禮物。上面鑲有1333顆鑽石，包括四顆淡黃色的鑽石和鑽石花葉項鍊。

尚比亞
英國女王伊莉莎白二世（Elizabeth II, 1926–）
1 Pound，1963年版

28歲——是少數難得的女王右臉肖像，在刻畫上非常傳神，女王的形象更深刻。

牙買加
英國女王伊莉莎白二世（Elizabeth II, 1926–）
5 Shillings，1960年版

29歲──1955年由義大利畫家皮埃特羅‧阿尼戈尼（Pietro Annigoni）畫作（現保存在倫敦的漁商會館），女王佩戴著象徵王位的嘉德勳章。

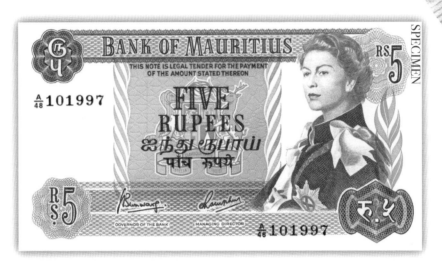

模里西斯
英國女王伊莉莎白二世（Elizabeth II, 1926–）
5 Rupees，140mmx78mm

34歲──由Anthony Buckley拍攝於1960年，佩戴著亞歷山德拉女王的俄羅斯條紋王冠、喬治六世的項鍊、瑪麗王后的耳環。此王冠原由喬治三世擁有。

開曼群島
英國女王伊莉莎白二世（Elizabeth II, 1926–）
1 Dollar，1974年版

36歲——由Anthony Buckley拍攝於1962年，佩戴著南非鑽石項鍊和鑽石耳環。這條鑽石項鍊是1947年4月，當伊莉莎白還是公主的時候，由南非人送給伊莉莎白的禮物，項鍊鑲嵌著21顆大鑽石。

加拿大
英國女王伊莉莎白二世（Elizabeth II, 1926–）
1 Dollar，1973年版

38歲——佩戴著嘉德勳章，維多利亞女王的項鍊，亞歷山德拉女王的耳環

澳大利亞
英國女王伊莉莎白二世（Elizabeth II, 1926–）
1 Dollars，1983年版

40歲——由Anthony Buckley攝於1966年，佩戴著維多利亞女王的項鍊和耳環。

聖赫勒拿島
英國女王伊莉莎白二世（Elizabeth II, 1926–）
1 Pound ，1981年版

51歲——登基25周年，由Peter Grugeon 攝於1977年，佩帶著俄羅斯公爵夫人王冠、維多利亞女王的項鍊、左肩佩帶著喬治六世的皇家勳章，此肖像是女王中年形象中最好的一個。

貝里斯
英國女王伊莉莎白二世（Elizabeth II, 1926–）
20 Dollars , 2012年版

52歲──畫家Robert Norman Hepple受澤西島政府委託，畫於1978年。

澤西島
英國女王伊莉莎白二世（Elizabeth II, 1926–）
1 Pound，2004年版

60歲──女王登基40周年慶典的官方肖像。

紐西蘭
英國女王伊莉莎白二世 （Elizabeth II, 1926–）
20 Dollars，1999年版

66歲 ——《英國女王加冕50周年》紀念鈔，在以前女王婚禮時收到緬甸贈送96顆紅寶石，以及一對鑲嵌有紅寶石和鑽石垂狀飾物，女王將之改造成這頂王冠。

巴哈馬
英國女王伊莉莎白二世（Elizabeth II, 1926–）
0．5 Dollar，2001年版

73歲 —— 頭戴原屬於俄羅斯公爵夫人Vladimir的王冠，後來此王冠被偷，直到1921年被瑪麗王后買下。伊莉莎白女王有時會用綠寶石替換鑲在王冠裡的珍珠。

斐濟
英國女王伊莉莎白二世 （Elizabeth II, 1926–）
5 Dollars ，2007年版

78歲——《英國女王登基60周年》紀念鈔，加拿大攝影師Chris Levine於2004年拍攝。皇冠型式是參照1953年伊莉莎白二世女王加冕禮時佩戴的王冠設計而成。

澤西島
英國女王伊莉莎白二世（Elizabeth II, 1926–）
100 Pounds，2012 年版

82歲——《英國女王登基60周年》紀念鈔，內有英國女王的四幅肖像照片，代表她不同階段的人生。

蘇格蘭
英國女王伊莉莎白二世（Elizabeth II, 1926–）
10 Pounds，2012年版

4.10 美國英雄

哥倫布發現美洲以來，北美洲逐漸成為歐洲的殖民地。在美國獨立之前的百多年內，13個英屬殖民地的經濟一直是依附大英帝國，北部的工商業、中部的農業、南部的種植業，都在英國自由貿易的商業體系中發展。

1776年7月4日，通過傑弗遜起草、富蘭克林等人潤筆的《獨立宣言》，標誌著美國的誕生。1787年，美國憲法確立，為經濟發展提供法律的保障。但制憲會議上懸而未決的奴隸制問題，在1860年卻導致一場南北內戰。林肯總統帶領北方，打贏維護國家統一的戰爭，中央政府逐漸強大，激起社會創造，科技發明和推動自由市場，經濟迅速發展，加上二次世界大戰，成為軍需工業大本營，奠定美國在20世紀成為世界第一強國的基礎。

影響美國崛起的前十名人物

在美國崛起的200、300年後獨霸世界，被評為影響美國最大的前十名如下：

1. 亞伯拉罕 · 林肯	6. 班傑明 · 富蘭克林
2. 喬治 · 華盛頓	7. 約翰 · 馬歇爾
3. 湯瑪斯 · 傑弗遜	8. 小馬丁 · 路德 · 金
4. 富蘭克林 · 羅斯福	9. 托馬斯 · 愛迪生
5. 亞歷山大 · 漢密爾頓	10. 伍德羅 · 威爾遜

這十名人物最能代表美國精神，其中有六名上了鈔票。

亞伯拉罕 · 林肯

美國第16任總統，1861年就任直到1865年遇刺。代表「人人生來平等」的精神。就任期間帶領美國度過四年南北內戰時期，維護聯邦完整，廢除奴隸制，增強聯邦政府權力，推動經濟現代化。他是來自共和黨的第一位總統。大選的勝利，主要來自於美國北部和西部的支持；在15個南方蓄奴的10個州，沒有給他任何選票。他的當選，導致七個南部蓄奴州脫離聯邦建立南方新政府美利堅聯盟國。

美國第16任總統
亞伯拉罕・林肯（Abraham Lincoln, 1809–1865）
5 Dollars，2009年版

喬治・華盛頓

　　美國第1任總統，獨立戰爭軍事領袖，領導美軍和英軍作戰勝利，促成美國獨立。1787年制定美國憲法。1789年成為美國第1任總統，連任兩屆，建立民主、法治的政府，創立合眾銀行，統一貨幣，被稱為美國國父。他是全世界第一位以「總統」稱號的國家元首。

美國第1任總統
喬治・華盛頓（George Washington, 1732-1799）
1 Dollar，2009年版

湯瑪斯‧傑弗遜

美國第3任總統，共8年任期。被譽為「自由的使者」，他的自由思想是美國的立國之本。

立國之初，只有美國13州，位於現今美國的東半部區域，大約是現今美國土地的1/3，中間的1/3區塊是法國殖民地。

1803年傑弗遜派特使前往法國，提議2000萬法郎向法國購買路易斯安那土地，最後以6000萬法郎成交，這塊土地面積是臺灣的68倍大。1867年，美國又向俄國購買阿拉斯加，以720萬美元成交。這兩塊土地都是雙方國家公平買賣交易取得。

美國第3任總統
湯瑪斯‧傑弗遜（Thomas Jefferson, 1743-1826
2 Dollars，2009年版

亞歷山大‧漢密爾頓

美國第1任財政部長，成立美國國家第一銀行，統一美國貨幣。是美國政黨制度的創建者，在美國金融、財政和工業發展史上，占有重要地位。所主張的工業建國之路和建立強而有力的中央政府，在美國歷史中有重大的推動力。

美國財政部長
亞歷山大‧漢密爾頓（Alexander Hamilton, 1755–1804）
10 Dollars，2003年版

班傑明‧富蘭克林

　　美國政治家、科學家。美國第一任駐法國大使。藉風箏實驗發現電，發明避雷針、老花近視兩用眼鏡、里程表、導尿管。是一位全方位的偉人。他的思想對美國文化有深遠的影響，被譽爲「第一位美國人」。一生幾乎貫穿整個18世紀。白手起家事業有成，熱心公共事務，被美國人視爲理想楷模。參與《獨立宣言》和《美國憲法》的起草，對建國的貢獻，比起華盛頓毫不遜色。他改變了美國也改變了世界。

美國政治家
班傑明‧富蘭克林　（Benjamin Franklin, 1706–1790）
100 Dollars，2006年版

伍德羅‧威爾遜

1912年，獲民主黨總統候選人提名，打敗西奧多羅斯福（老羅斯福）總統。連任兩屆，任期8年，對內主張節制「私人企業的壟斷」，採取改革措施；干涉拉丁美洲國家內政。威爾遜是理想主義色彩最為濃厚的美國總統。

一戰期間，領導美國參戰，動員美國人力物力。戰後出席巴黎和會，締結凡爾賽對德和約，是成立國際聯盟的倡導人。1919年卸任後，因宣導國際聯盟而獲得諾貝爾和平獎。曾獲霍普金斯大學政治博士學位，是美國「學術地位最高」的總統。

美國第28任總統
伍德羅‧威爾遜（Woodrow Wilson, 1856 –1924）
100000 Dollars，1934年版，紀念鈔

4.11 運動健將

臺灣少棒冠軍
臺東縣南王國小少棒隊
500 圓，2004年版

臺東縣南王國小少棒隊

　　紅葉少棒隊來自臺東山區，擊敗日本少棒冠軍，帶動棒球旋風，更成爲國球，每次國際比賽的勝利，都帶動全國民心士氣。

　　1998年、1999年獲得美國小馬聯盟世界少棒錦標賽冠軍。獲得關懷杯少棒錦賽冠軍時隊員拍下全隊歡呼勝利照，爲500圓鈔票的背景，成爲臺灣之光的寫照。

喬治‧貝斯特

已故的英國北愛爾蘭足球明星，擅長頭球攻門，控球絕倫，腳上功夫了得，是曼聯奪得歐洲冠軍的功臣。被認為是足球史上最有天賦的球員。不過他的私生活一直為人詬病，酗酒、好賭及尋歡陋習，摧毀了他的足球生涯。

北愛爾蘭足球員
喬治‧貝斯特（George Best, 1946-2005）
5 Pounds，2006年版，此為《北愛爾蘭籍球星喬治‧貝斯特離開人世》紀念鈔

安東尼‧內斯蒂

蘇利南游泳選手，1988年奧運會男子100公尺蝶泳金牌，第一位蘇利南人在奧運會上獲得奧運金牌。也是第一位獲得游泳金牌的黑人。黑人在游泳領域很少有好成績。

在田徑、球類獲得冠軍的黑人無數，唯獨在游泳項目少有出色的黑人選手。主要原因是黑人在水中的比重是1.13，白人則只有1.05，而且黑人骨骼比白人約重10%，帶著較小的浮力，造成游泳的障礙。安東尼之所以能突破零金牌，他的答案是靠苦練！

蘇利南游泳好手
安東尼·內斯蒂（Anthony Nesty, 1967–）
25 Gulden，1991年版

帕沃·約翰內斯·努爾米

　　芬蘭長跑運動員，是著名的芬蘭飛人。奪得22項長跑世界紀錄，9面奧運金牌。為了表揚他的精神，1982年天文學家將發現第1941顆太陽系的行星以他的名字命名，是世界上第一位用名字命名行星的運動員。去世時，芬蘭為他舉行國葬，由6位奧運金牌得主覆旗。

芬蘭長跑運動員
帕沃·約翰內斯·努爾米（Paavo Johannes Nurmi, 1897–1973）
10 Markkaa，1986年版

肯亞長跑選手

世界各地馬拉松冠軍有85％都來自肯亞，肯亞已為成為馬拉松代名詞。北京奧運會馬拉松冠軍是肯亞的薩謬爾・溫奈魯（Samuel Wanjiru），銀牌也由肯亞人獲得。

肯亞失業率達40％，若沒有機緣就無法就業，所以成為運動選手獲得獎金是他們最好的出路。肯亞的許多村莊位於海拔2,500公尺以上，東非是大草原，長跑無障礙。所以運動選手個個都鍛鍊出強大的心肺功能，而且這些非洲馬拉松選手體形偏瘦，比一般人少1/3的肌肉，能輕易成為馬拉松長跑的冠軍得主。

肯亞長跑選手
20 Shillings，1996年版

傑克・尼克勞斯

蘇格蘭高爾夫球名將，拿下1962、1967、1972、1980年度美國公開賽4次冠軍。他參加每場比賽都非常專注，有一股咄咄逼人的氣勢，肥胖的身材、有一頭金髮，傳媒送給他「金熊」別號。

蘇格蘭高爾夫球名將 傑克‧尼克勞斯（Jack Nicklaus, 1940-）
5 Pounds，2005年版，此為《高壇名將傑克‧尼克勞斯告別高壇》紀念鈔

薩摩亞Manu'a七人橄欖球球隊

　　香港國際七人橄欖球比賽是香港最重要的國際比賽，2010年由薩摩亞隊獲得冠軍，真是小國志氣高。香港以24隊制賽事進行，總獎金高達美金15萬圓。冠軍將得到美金10萬圓。

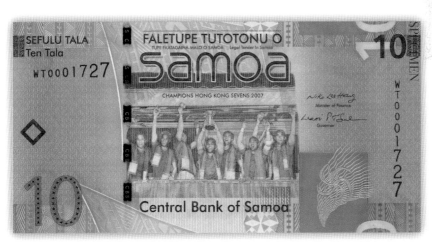

薩摩亞七人橄欖球球隊
10 Tala，2008年版

法蘭克‧沃雷爾

　　西印度群島板球運動員和牙買加參議員。是西印度群島板球隊系列第一個黑人隊長，打破了顏色障礙。1962年沃雷爾捐血給比賽中受傷的對手。爲了紀念這一行爲，孟加拉板球協會每年在這一天推出捐血活動，這一天被稱爲印度西孟加拉邦的法蘭克‧沃雷爾日。

巴貝多板球運動員
法蘭克‧沃雷爾
（Frank Worrell, 1924-1967）
5 Dollars，2012年版

斐濟奧運七人制橄欖球隊

　　2017年，斐濟政府宣布發行7元紙幣，舉世震驚，因爲這是世界上唯一面值7元的鈔票。

　　人口85萬的島國，在2016年里約奧運七人制橄欖球賽中以以43：7大勝英國，取得國家首面奧運金牌。爲了紀念這面奧運金牌，斐濟政府特地發行世上唯一面值7元的鈔票。斐濟橄欖球奧運代表隊成爲英雄，也成爲鈔票上的人物。

斐濟奧運隊長
高連尼素（Osea Kolinisau）、
奧運教練班萊恩（Ben Ryan）
7 Dollars，2017年版

鈔票上抱球跑步的是奧運隊長Osea Kolinisau，坐在沙丘上的是奧林匹克教練班萊恩（Ben Ryan）。班萊恩和英國橄欖球協會鬧矛盾出走斐濟，2016年挑選12位斐濟隊員代表國家出戰，在決賽中戰勝了自己祖國的球隊。

斐濟球員中涵蓋無業遊民、服務生、警察、獄警、農夫。鈔票上有如星座的曲線就是斐濟閃擊戰達陣得勝的路線。

人口不足百萬的太平洋島國斐濟，橄欖球是國球，每20人就有1人是橄欖球運動員。每個村子都有一支橄欖球隊，有些村子即使沒有電，也無法阻止他們熱愛此項運動。

紙鈔背面是斐濟國家隊領獎後的合影，除了創造歷史的隊員們，還有斐濟總理姆拜尼馬拉馬（Josaia Voreqe Bainimarama）、球隊教練、球隊官員等人。鈔票上「FIJI RUGBY 7S GOLD OLYMPIANS」是指「斐濟七人制橄欖球賽奧運金牌」。

4.12 地理大發現

人類是一部不斷探索、追求與發現大自然的歷史。這段過程漫長、曲折、有創造和破壞性。人們憑著執著和意志探索大自然，將大地的真面目展

現在人類的面前。

　　這些探險家們，有人認為他們是偉大的，也有人認為他們是殘忍的，功過評價不一，但他們開創的精神，確實值得人們學習和敬佩！

一・新絲路

　　馬可・波羅：義大利威尼斯旅行家及探險家。元朝時經絲路到中國，遊歷中國17年，回威尼斯寫下《馬可・波羅遊記》，其在中國的見聞激起歐洲人對東方嚮往，對新航路開闢產生巨大影響。

義大利探險家
馬可・波羅 （Marco Polo, 1254–1324）
1000 Lire，1982 年版

　　亨利王子：葡萄牙王子，領導葡萄牙人探險和殖民，建立全世界首間航海學校、天文臺、圖書館、港口及船廠，為葡萄牙成為海上霸主奠定基石。培養出一批世界上第一流的探險家或航海家，迪亞士、達伽馬、麥哲倫等人都曾經在亨利建立的航海學校學習。

葡萄牙探險家
亨利王子（Infante D. Henrique, 1394–1460）
10000 Escudos，1996年版

　　巴爾托洛梅烏·迪亞士：葡萄牙著名航海家。1487年，航行到非洲大陸最南端發現好望角，對後來開闢通往印度新航線奠定基礎。迪亞士幫助葡萄牙建造新的艦船「聖加布里埃爾」號和「聖拉斐爾」號，這兩艘船在瓦斯科·達伽馬率領下，繞過好望角到達印度。

葡萄牙探險家
巴爾托洛梅烏·迪亞士（Bartolomeu Dias, 1450–1500）
2000 Escudos，1991年版

瓦斯科‧達伽馬 ：葡萄牙探險家。發現印度的航道，讓葡萄牙在印度洋貿易有顯著的貢獻。

　　歷史上第一位從歐洲航海到印度的人（1498年）。首位建立非洲與亞洲航線的人。該航路繞過地中海沿岸及危險的阿拉伯半島，為日後葡萄牙對外殖民擴張鋪平道路。達伽馬二度率領艦隊前往印度，成為葡屬印度總督。開始和印度進行香料貿易，藉由貿易提升葡萄牙帝國的經濟，使葡萄牙成為經濟上的強權。

葡萄牙探險家
瓦斯科‧達伽馬 （Vasco da Gama, 1460–1524）
5000 Escudos，1998年版

　　大衛‧李文斯頓：蘇格蘭醫生及牧師。人類偉大的探險家，維多利亞瀑布和馬拉威湖的發現者。遠征尚比亞河及尼羅河源頭。

　　他的探險不是為了征服未知之地，只是為了一個職責，「將上帝救贖的真理，帶給非洲人。」 在非洲37年之久，行走非洲3萬里，任何危險的時刻，不對任何人，包括食人族與奴隸販子發射一粒子彈。非洲地圖上有30幾個地方以他的名字命名，他是畫出非洲河川山脈第一人，也是終止非洲奴隸制度推動者，被稱為「非洲之父」。

蘇格蘭探險家
大衛·李文斯頓（David Livingstone, 1813–1873）
10 Pounds，1992年版

二·新大陸

　　佩德羅·卡布拉爾：葡萄牙航海家，發現巴西。由里斯本出發前往印度，經維德角群島，向西南方向前進。1500年4月23日登陸插上十字架宣告占領，取名「眞十字架之國」，即巴西。

發現巴西的葡萄牙探險家
佩德羅‧卡布拉爾 （Pedro Álvares Cabral, 1467–1520）
10 Reals，2000年版

葡萄牙探險家
佩德羅‧卡布拉爾 （Pedro Álvares Cabral, 1468–1520）
1000 Escudos，1996年版

　　在陰錯陽差中，巴西變成葡萄牙在南美洲唯一的殖民地，因地廣人稀，
政府有計劃開放日本人移民。第二次世界大戰時，日本席捲整個東南亞地

區，唯一不敢入侵的就屬「澳門」，因為澳門和巴西都與葡萄牙有密切關係，日本若貿然攻占澳門，就會得罪葡萄牙，和葡萄牙主屬關係的巴西，其國內移民的日本人就有成為人質的危機，在投鼠忌器之下，澳門得以免於日本的攻擊。時光流轉，500多年前征服巴西的卡布拉爾，竟然也間接保護到澳門的安全。

克里斯多福‧哥倫布：西班牙探險家，四次橫渡大西洋成功到達美洲，哥倫布的航海，帶來歐洲與美洲的持續接觸，開闢歐洲探險和殖民海外領地的大時代，哥倫布是探索未知世界、無畏精神的代名詞。

巴哈馬
西班牙航海家克里斯多福‧哥倫布 （Cristoforo Colombo, 1451–1506）
1 Dollar，1992年版

哥倫布對世界的影響，除了發現新大陸外，還有發生在新舊大陸之間的「哥倫布大交換」。

1492年，哥倫布首次航行到美洲大陸，是大規模航海的開始，也是新舊大陸聯繫的開始，產生革命性的哥倫布大交換。這是東西半球間，生物、農作物、人種、文化及各種傳染病等的突發性交流。世界生態引發巨大轉變。

歐洲從新大陸獲取金、銀等貴金屬，並將新大陸玉米、馬鈴薯、菸草等作物，引種到世界各地。由歐洲引進新大陸的動物，有馬、牛、羊、豬，全球生態劇烈變動。新舊世界間疾病、細菌互傳，如天花傳到新大陸，印地安

人死亡大半，梅毒傳到歐洲。大量黑人被引進美洲，造成美洲人口結構重新洗牌。即使至今「哥倫布大交換」仍在進行著。

胡安·埃爾卡諾：文藝復興時期歐洲航海家。麥哲倫五艘船隊中一艘船的船長，麥哲倫在與當地土著作戰時被殺死。埃爾卡諾繼任船隊指揮，1522年帶領著僅剩的一艘船和18名船員，回到西班牙塞維利亞，被人們當做第一位環球航行的人來歡迎。此次航行被稱為「麥哲倫──埃爾卡諾航行（Magellan-Elcano expedition）」。

**西班牙航海家
胡安·埃爾卡諾**
（Juan Sebastián Elcano, 1475–1526）
5 Pesetas，1948年版

法蘭西斯科·科爾多巴：1517年深入墨西哥猶加敦半島地區，成為首位與瑪雅人建立聯繫的歐洲人。發現半島上的土著建有城市，市內道路整齊、有高大建築物。這些資訊促使赫爾南·科爾特斯後來特意遠征。

1524年，科爾多巴征服尼加拉瓜，在此建立兩個重要城市──Granada格拉納達和雷昂，Granada是尼加拉瓜第一座被歐洲人建立的都市。尼加拉瓜貨幣以他的名字，命名為科爾多巴。

尼加拉瓜
西班牙探險家 法蘭西斯科 · 科爾多巴（Francisco Córdoba, 1475–1526）
5 Córdobas，1991年版

法蘭西斯科 · 皮薩羅：西班牙探險家，祕魯的征服者。開啓西班牙征服南美洲的時代，是現代祕魯首都利瑪建造者。

1532年，用180人征服600萬人的印加帝國，致勝的原因是運用馬匹、金屬防具和天花病毒。他率領少於200名的士兵擊敗印加帝國，以少擊多的事蹟常被拿來當作勇敢和虔誠的典範。不過印加帝國最後滅亡的起因，在於皮薩羅要征服印加帝國的前幾年，因歐洲人把疾病帶入，使得南美洲人口銳減和印加帝國的內戰而讓國力大弱。

西班牙探險家
法蘭西斯科・皮薩羅（Francisco Pizarro, 1475–1541）
1000 Pesetas，1992年版

　　赫爾南・科爾特斯：西班牙著名征服者，摧毀阿茲特克古文明，在墨西哥建立西班牙殖民地。

　　1519年帶領500多人，運用天花病毒征服墨西哥的阿茲特克(Aztec)帝國，掠奪驚人財富，為西班牙帶來16世紀的黃金時代。征服阿茲特克帝國後，就任新西班牙總督。

西班牙探險家
赫爾南‧科爾特斯（Hernán Cortés, 1485–1547）
1000 Pesetas，1992年版

坎迪多‧龍東：巴西探險家。以探索馬托格羅索和西亞馬遜河流域而聞名。

擔任印地安人民族基金會首任會長、提議興建欣古國家公園、與美國總統西奧多‧羅斯福一起探險，被頒授元帥軍階。巴西一級行政區朗多尼亞州，是爲了紀念他而命名。

巴西元帥
坎迪多‧龍東（Cândido Rondon, 1865–1958）
1000 Cruzeiros，1990年版

三、南北極、珠穆朗瑪峰地球三極

挪威的阿蒙森及英國的斯考特探險家的生平，請見第三篇之雙強爭霸南極點。

維他斯·強納森·白令：丹麥探險家。效力於俄羅斯海軍，兩次探險發現白令海、白令島、白令海峽、白令地峽。

繪製出俄國太平洋沿岸的地圖。白令是第一個穿過北極圈和南極圈的人。

1741年，白令發現阿拉斯加和阿留申群島的一些島嶼，使得俄羅斯擁有阿拉斯加的主權。

後來俄羅斯將阿拉斯加賣給美國。海峽水道中心線就是俄羅斯和美國的交界線，也是亞洲和北美洲的洲界線，更是國際換日線。

俄羅斯探險家
維他斯·強納森·白令（Vitus Jonassen Bering, 1681–1741）
試驗鈔

詹姆斯·克拉克·羅斯：英國南極探險家，南極探險第一人，發現地磁北極和南極的羅斯海區域。

1830年乘雪橇橫越布西亞半島，發現布西亞灣。後來陸續發現地磁北極位置，並成功找到南磁極，此外，還有維多利亞地、羅斯海、羅斯冰架和羅

斯島上的火山。

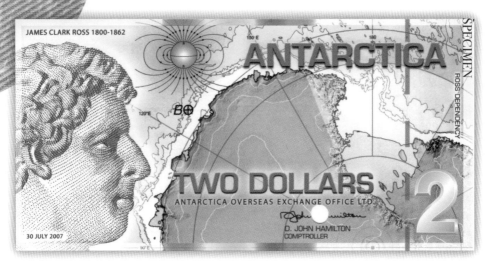

南極領地
英國探險家 詹姆斯・克拉克・羅斯（James Clark Ross, 1800–1862）
2 Dollars，2007年版

弗里喬夫・南森——**諾貝爾和平獎得主**：挪威人民心中的英雄。是一名政治家、文學家、更是一名傑出的探險家。

第一次世界大戰結束後，擔任挪威出席國聯代表團團長，成為慈善家。1922年，獲得諾貝爾和平獎。他也是一名文學家，作品家喻戶曉。同時也是一名海洋學家、極地探險家，對北大西洋和北冰洋進行四次探測。證明北極是一片被浮冰覆蓋的海洋，而不是陸地。

一生對北極探險的毅力和精神令世人稱讚。

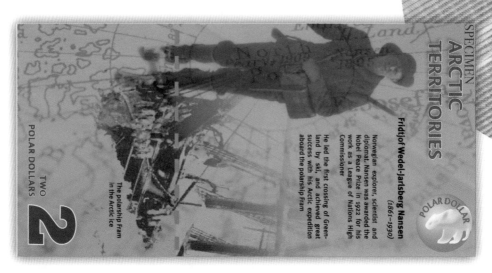

北極領地
挪威探險家 弗里喬夫・南森 （Fridtjof Nansen, 1861－1930）
2 Dollars , 2011年版 160mmx80mm

　　詹姆士・庫克：最早發現南半球紐西蘭、澳洲的英國人。英國航海探險家。是首批登陸澳洲東岸和夏威夷群島的歐洲人，也創下首次有歐洲船隻環繞紐西蘭航行的紀錄。

　　進入南極圈第一人，三度巡航太平洋都沒成功，地點就在南極洲及北極海（47年後人類才成功），卻成功探索廣大海洋畫出世界地圖。他以更精確的航海技術製作航海圖，為當時航海史上一大突破。

紐西蘭探險家
詹姆士・庫克船長（Captain James Cook, 1728–1779）
1 Pound，1967年版

　　法蘭克・沃斯利：紐西蘭探險家、航海家，「堅忍號」船長。和歐內斯特・沙克爾頓共同橫越南極大陸的壯舉沒有成功，從南極象島坐救生艇航行到800英里外南喬治亞島，求援成功使全體隊員平安獲救。

南極洲
紐西蘭探險家 法蘭克・沃斯利（Frank worsley, 1872–1943）
20 Dollars，2008年版

沃利‧赫伯特：英國極地探險家，也是著名作家和藝術家，徒步穿越北冰洋的第一人。

1968-1969年的16個月旅程中，帶領英國泛北極科學考察（BTAE）與狗雪橇，克服種種不便，從阿拉斯加到達挪威斯匹茨卑爾根島，被譽為人類有史以來最具耐力和勇氣的壯舉。

南極洲
英國探險家沃利‧赫伯特 （Wally Herbert, 1934–2007）
50 Dollars，2010年版

艾德蒙‧希拉里爵士：20世紀最偉大的探險家、第一位登上聖母峰山頂的人。

1953年，經過40天的努力，先行在海拔8500公尺處建立突擊營地，希拉里和丹增率先攻頂成功。4天後，英國女王伊莉莎白二世登基，希拉里登上珠穆朗瑪峰的消息剛好傳來，被認為是給女王最好的禮物，希拉里成為她登基後所授予的第一個爵位。

希拉里終其一生，進入尼泊爾山區高達一百餘次，從事環境保護及人道關懷行動。他說：「我們征服的不是高山，而是自我。」，在聖母峰面前，學會謙卑。

1958年，率領英國南極探險隊首次到達南極點。1985年，和阿姆斯壯（1969年，第一位踏上月球表面的太空人）一起，乘坐雙人滑雪機飛越北冰洋抵達北極。成為人類歷史上，第一個到達南極北極和聖母峰地球三極的人。

紐西蘭探險家
艾德蒙・希拉里爵士（Edmund Percival Hillary, 1919–2008）
5 Dollars，1999年版

四、空中探險

　　查理斯・京士福特・史密斯：澳大利亞早期最偉大的飛行員。他達成飛行界三個「首次」：不停留橫越澳大利亞的內地、由澳大利亞飛往紐西蘭、由西向東橫越太平洋，即由澳大利亞飛往美國。

澳大利亞探險家
查理斯・京士福特・史密斯 （Charles Kingsford Smith, 1897–1935）
20 Dollars，1968年版

　　加戈・庫丁霍：葡萄牙海軍飛行員、葡萄牙航空事業開拓者。1922年和卡布拉爾駕駛水上飛機，從里斯本飛到巴西里約熱內盧，創下成功飛越南大西洋的世界紀錄，成為飛行史上的英雄。

葡萄牙飛行員
加戈・庫丁霍（Gago Coutinho, 1869~1959）
20 Escudos，1978年版

卡布拉爾：葡萄牙飛行員。1922年和加戈·庫丁霍駕駛水上飛機，從里斯本飛到巴西里約熱內盧，創下成功飛越南大西洋的世界紀錄，成為飛行史上的英雄。

莫三比克
葡萄牙飛行員卡布拉爾（Sacadura Cabral, 1881–1924）
1000 Eescudos，1972年版

　　斯傑潘納斯·達留斯 ＆斯塔塞斯·吉列納斯：立陶宛飛行員。1933年兩人駕駛「立陶宛人號」飛機，從美國紐約起飛，計畫不停留飛越大西洋，直達立陶宛的考那斯。但在距離目的地650公里的德國紹爾迪諾森林上空不幸墜毀，兩人同時遇難。

立陶宛飛行員
斯傑潘納斯・達留斯（Steponas Darius, 1896–1933）
斯塔塞斯・吉列納斯（Stasys Girenas, 1893–1933）
10 Litu，2007年版

4.13 藝術大師

　　15世紀中葉之後，文藝復興進入全盛時期，顧名思義，此時的繪畫就在復興古希臘羅馬時代，充滿人性、寫實和肉感的人體表現，運用明暗和透視法來營造立體感，由於色彩的活化，使油畫就此大爲普及運用。

　　這個時期天才、巨匠雲集，相互切磋，隨著世局的變化，畫家融合時勢，美術添加世事，挑戰古典，許多壁畫一一呈現在世人的眼前，成爲傳世的鉅作。

〈雅典學院〉：拉斐爾·聖齊奧

義大利畫家
拉斐爾·聖齊奧（Raphael Sanzio, 1483–1520）
500000 Lire，1997年版

　　義大利畫家、建築師。與達文西、米開朗基羅並稱文藝復興三傑。

　　所繪的畫以「秀美」著稱，畫作中的人物清秀，場景祥和。西方美術史上尊他為畫聖。

　　拉斐爾比達文西、米開朗基羅晚出生，比米開朗基羅早死40多年，比達文西晚一年死，1520年高燒在羅馬去世，享年37歲。米開朗基羅脾氣暴躁，但拉斐爾卻為人和諧、圓融。在羅馬為尤利烏斯二世，及文藝復興時代最後一位教皇利奧十世工作十年之久。

　　拉斐爾從達文西那裡學到構圖和人體精細的描畫，從米開朗基羅那裡學習到人體的動感，利用焦點透視法，並使用二進三的梯度空間縱深法，還有濕壁未乾的特點，描繪為梵蒂岡創作的大型壁畫〈雅典學院〉，成為傳世經典之作。這一幅畫有很高的創意，他將古希臘羅馬和當代義大利50多位哲學家、藝術家和科學家全部聚集在此畫中，用來顯示、讚美人類高尚智慧的和諧。將不同時期人物，以最易讓人理解和感覺的圖像畫出。精彩的是，有些雖是百千年前的人物，拉斐爾卻將他同時代傑出有名的人物或好友容貌畫在

其身上，以示對這些同時期人物的尊敬及感佩。

〈雅典學院〉拉斐爾・聖齊奧畫作

鈔票背面

　　繪畫以圖中央的柏拉圖和他的學生亞里斯多德兩位人物為中心，以他們激動的辯論場面向兩旁和前方開展出來。柏拉圖手指朝天，另一手中所拿的書是其晚期著作《蒂邁歐篇》，認為理念高於一切有形物質。而亞里斯多德

一手平伸手掌朝地，另一手所拿著作《倫理學》，認為一切理念都依靠物質而存在。兩人正在進行唯心和唯物之爭。此畫以此焦點開場，向兩旁及前方一一延伸，將自古至今50多位所有偉大的哲學家、藝術家、科學家、建築師依序畫出。柏拉圖面貌以達文西為創作原型，亞里斯多德面貌以米開朗基羅為創作原型。這幅畫的爭論情景，可由亞里斯多德名言：「吾愛吾師吾更愛真理」來印證。

〈自由引導人民〉：浪漫舵手——歐仁‧德拉克羅瓦

法國畫家
歐仁‧德拉克羅瓦（Eugène Delacroix, 1798–1863）
100 Francs，1994年

　　法國浪漫主義大師，作品充滿浪漫主義風格，善於把抽象的冥想和寓意變成藝術形象。喜愛揮灑自如、色彩豐富的小品畫，描繪戰爭、狩獵、動物間的格鬥等題材，好友蕭邦代表性的肖像就是他畫的。不但尊重當代進步藝術家，而且極為推崇古代藝術大師。畫作對後期崛起的印象派畫家和梵谷的畫風有很大的影響。大部分作品被保存在巴黎羅浮宮。

　　1830年的著名畫作〈自由引導人民〉影響浪漫主義作家維克多‧雨果，

在30年後寫成著名的文學作品《悲慘世界》。

法國畫家
歐仁・德拉克羅瓦（Eugène Delacroix 1798-1863）
100 Francs, 1994年版 （鈔票背面）

〈自由引導人民〉是畫家歐仁・德拉克羅瓦作品

歐仁・德拉克羅瓦說：「即使我沒有為了我的祖國戰鬥，我也可以用我的畫作來歌頌它。」

這是一首歌頌人民爭取自由和權利的頌歌。畫出1830年的法國七月革命悲壯景象。這幅畫把浪漫主義運動推向頂峰。現藏於巴黎羅浮宮。

背景遠處的煙霧中可以看到巴黎聖母院的雙塔，中央赤足裸胸的婦女，便是自由女神的化身，頭戴自由的弗里吉亞帽，胸部裸露，一手揮舞象徵法國大革命的紅白藍三色旗，一手持槍，號召身後的人民起來革命。身邊兒童揮舞雙槍，顯現出巴黎人民在起義中高昂的鬥志。身後是奮勇前進的起義者、資產階級、知識分子、工人都拿起武器，向貪腐的波旁王朝發起猛烈的進攻。整幅畫色彩明暗對比鮮明，人物的動感強烈無比，使它成為美術歷史中的經典作品。

〈最後的審判〉：米開朗基羅・博那羅蒂

義大利雕塑家
米開朗基羅・博那羅蒂 （Michelangelo Bounarroti, 1475–1564）
10000 Lire，1966年版

義大利雕塑家。文藝復興三傑之一。雕刻、繪畫、建築都是他的專長，被稱爲「美之巨人」，以人物「健美」著稱。雕刻作品〈大衛像〉、〈摩西像〉、〈大奴隸〉舉世聞名。

　　米開朗基羅脾氣暴躁，和達文西與拉斐爾都合不來，一生追求藝術的完美，堅持自己的藝術思路。13歲就進到佛羅倫斯畫坊學畫，到過威尼斯、波隆和羅馬學畫和雕刻。

　　31歲時，奉羅馬教皇儒略二世所託，繪畫〈西斯汀禮拜堂天頂畫〉，獨自一人，花費4年仰躺作畫，作品描繪343個人物，中心部分是創世紀中的九個場景。29年後60歲時，花了5年完成在西斯汀禮拜堂牆上的畫作〈最後的審判〉，畫出天堂和地獄的故事，畫中內容以耶穌爲中心，共畫上400個人物。右側是入地獄的人，左側則是升天堂的人。最下方是死後世界，一艘船將被判入地獄的人載到地獄入口。

　　1564年，米開朗基羅在羅馬去世，享壽88歲。羅馬聖彼得大教堂的圓頂由米開朗基羅設計，逝世前還未完成。

〈最後的審判〉是畫家米開朗基羅‧博那羅蒂著名作品

〈吶喊〉：愛德華・蒙克

挪威畫家
愛德華・蒙克（Edvard Munch, 1863–1944）
1000 Kroner，2001年版（鈔票正面）

〈太陽 The Sun〉
愛德華・蒙克的壁畫作品
（鈔票背面）

挪威表現主義畫家、版畫家。以生命、死亡、戀愛、恐怖和寂寞等爲題材，用對比強烈的線條、色塊抒發自己的感受和情緒。作品都會創造出緊張氣氛。畫出人物的不安和恐懼，畫作不再是描繪外在的世界，而是表達出內心世界的情感，如焦慮、不安、恐懼。

　　在熊熊晚霞下，一位削瘦的人物，雙手摀著耳朵、身體扭曲、眼球空洞、嘴巴張開，配合背後扭曲血紅的天空、景物，和兩個身影，似乎想藉由畫中人物，來表達出身心所受到的摧殘並吶喊出劇烈又無盡的痛楚。

　　讓觀看此畫的人，有不敢直視太久的感覺，並會讓人瞬間停止呼吸，心情頓入痛苦的深淵。

　　畫出這種作品或許和他的生平有很大的關聯，蒙克自幼失母，體弱多病，14歲時姊姊因病去世，因此他藉由作畫表現出他對病痛和死亡的恐懼和不安。

〈吶喊〉 畫家愛德華‧蒙克

法蘭西斯科 · 哥雅

古代希臘羅馬的詩歌是從荷馬開始，近代繪畫是從哥雅開始。

西班牙畫家
法蘭西斯科 · 哥雅（Francisco de Goya, 1746–1828）
100 Pesetas，1946年版 正面

西班牙畫家
法蘭西斯科・哥雅（Francisco de Goya, 1746–1828）
100 Pesetas，1946年版 背面
哥雅的作品〈陽傘〉（El Quitasol）

〈裸體的馬哈〉：法蘭西斯科・哥雅

　　西班牙浪漫主義畫家、西班牙皇室的宮廷畫家，打破18世紀傳統畫家和新傳統的創造者。畫作：〈裸體的馬哈〉、〈著衣的瑪哈〉、〈1808年5月3日〉、〈查理四世的一家〉、〈陽傘〉。哥雅自稱自己有三位老師：西班牙的委拉士開茲、荷蘭的倫勃朗和大自然。

〈裸體的馬哈〉&〈著衣的馬哈〉

「馬哈」在西班牙語中是指「姑娘」或「漂亮姑娘」的意思

　　這兩個馬哈是哥雅兩張傳世不朽的畫作。除了衣服，其他大體是一致的。

　　1789年，國王任命哥雅為宮廷畫師，畫了許多宮廷成員及貴族肖像。當時西班牙是宗教法規嚴厲的國家，禁止描繪裸體，他卻突破傳統，畫下〈裸

體的瑪哈〉，因而被人告密，被告知第二天要來檢查，他連夜趕工畫成〈著衣的瑪哈〉來交代，但哥雅拒絕修改〈裸體的馬哈〉。〈裸體的馬哈〉涉及「道德」因素，被隱藏一個世紀，直到1900年才公開展示。

20世紀80年代，西班牙將〈裸體的馬哈〉印成郵票，成爲熱門收藏品。

〈有大松樹的聖維克多山〉：保羅・塞尚

法國印象派畫家
保羅・塞尚 （Paul Cézanne, 1839–1906）
100 Francs，1997年版 （鈔票正面）
塞尚的油畫作品〈艾斯塔克海邊〉（The Sea at Estaque）

背面：塞尚的靜物畫作品〈蘋果與餅乾〉（Apples & Biscuits）、8色圓盤代表了塞尚所說過的一句名言：「色調的反差與關聯是繪畫和布局的祕密。」
（鈔票背面）

　　法國印象派畫家。塞尚在藝術史的地位甚高，他並沒有創立一個畫派，但卻對去世以後的幾乎每一個畫派都產生了直接或間接的影響。能夠激發不同稟賦和氣質的畫家力量。

　　塞尚認為自然的萬物都可以用球體、圓錐體和圓柱體來表現，那就是根據透視法則，使物體塊面的前後左右都集中在中心的焦點上。物體必須在面對其他物體時在其自身體積的深層落地生根，它逐漸弱化的邊緣能夠同時表明它的實際存在，物體和與物體相關的世界，應能保持親密無間的協調一致性。

　　世界的表象由塞尚的角度看來，歸根究柢只是一個秩序化的圖景。

　　塞尚從藝之路，總是困難重重，更令人心灰意冷，直到古稀之年，才逐漸獲得應有的聲望和名譽，只是已近黃昏，塞尚將不久於世。塞尚創作的深度影響了後續接棒的野獸派、立體派及現今幾乎所有前衛藝術形態。在塞尚眼裡，「和諧」與「深度」是其藝術觀念的關鍵所在。

〈有大松樹的聖維克多山〉是法國印象派畫家保羅‧塞尚作品，布面油畫，倫敦柯陶德美術館。

　　1895年，塞尚首次展示這幅畫，眾人皆表示此畫難以理解，只有一位年輕的詩人和塞尚童年好友的兒子──約阿希姆‧加斯奎特欣賞此畫，對畫作稱讚不斷，讓塞尚感慨不已，就當場在畫上簽名直接贈送給加斯奎特。

　　難怪人們無法接受，因為那時塞尚已不再糾結於繪製景象的具體細節，轉而用色塊表達形體和圖像結構，深入探索和發掘自然事物的幾何圖形本質。想找回印象派所失去的秩序感和平衡感，因為印象主義者太專心於飛逝瞬間，卻已忽視自然內部存在的堅實和持久的形狀。

　　塞尚在一封家書中說：「我可以好幾個月也不必改變位置，來畫一座山。」

　　塞尚從40多歲起，就住在聖維克多山下的一座小村莊，被聖維克多山的奇異山形和壯觀景色所吸引，滿懷深情與敬仰、心血和熱情，用心描繪著這

座大自然對這位藝術家的珍貴饋贈。就在寫完這封家書不久，67歲的塞尚外出作畫時，因遭遇暴風雨而病倒，一周後便與世長辭。他為這座山的描繪有70、80幅之多，在生命最後兩年中完成的〈聖維克多山〉，成為抽象表現類繪畫的傑作。從19世紀末被尊為新藝術之父、現代繪畫之父的他，把一生交給了聖維克多山。

4.14 名人名著

閱讀世界各國名著，可以感受到不同領域的知識和進展，這領域有世界哲學、文學、歷史、政治、藝術、科學等等。若能同時認知、對照作者的著作內容及肖像，除了對作者有更深刻的印象外，更能感受到作者所要表達的思維及主張。

《源氏物語》

《源氏物語》這本書講述日本平安時代一位源氏（女性的夢中情人）一生的情感經歷。此作品對日本民族的精神表現有很大的影響，作品中的審美意向開啟日本「物哀」時代。在日本大和民族的內心中，種下一抹淡淡的憂傷。他們認為美好的事物總是容易逝去，有如他們的國花櫻花一般。此作品將日本古典文學推向高峰。

〈源氏物語繪卷〉第五帖——若紫，由土佐光起所繪。

紫式部

日本平安時代作家，自幼隨父學漢詩，家道中落後嫁地方官，婚後不久守寡，後入宮當女官。代表作《源氏物語》、《紫式部日記》、《紫式部集》等。

《源氏物語》是世界最早長篇小說，有「日本紅樓夢」之稱，對日本文學影響很大，描寫平安時期日本風貌，揭露人性及宮中鬥爭，反映當時婦女的無權地位和苦難生活，表達日本民族「物哀」之情。

《紫式部日記》記錄1008年到1010年宮廷婦女的服裝、容貌、禮儀。

日本文學家
紫式部畫像（978–1015）
2000圓，2000年版

馬可‧波羅

義大利威尼斯旅行家及探險家。元朝時經由絲路來到中國，遊歷中國17年。回到威尼斯後寫下《馬可‧波羅遊記》，書本中細述有關中國的見聞，激起歐洲人對東方嚮往，對東西方新航路的開闢產生巨大影響。

義大利探險家
馬可‧波羅（Marco Polo, 1254—1324）
1000 Lire，1982 年版

查理‧路易‧德‧孟德斯鳩

法國啓蒙思想家、法學家，也是西方國家學說和法學理論的奠基人。與伏爾泰、盧梭合稱「法蘭西啓蒙運動三劍俠」。建立君主立憲制，用三權分立來限制君主的權力及保障人民的政治自由和生命財產的安全。「三權分立說」對《美國憲法》、《法國憲法》和《普魯士法典》的制定產生重大的影響。《波斯人信札》是孟德斯鳩的唯一的小說。

BANQVE DE FRANCE　0811123325　**200**

M.041

123325

123325　DEVX CENTS FRANCS 1986

M.041

法國政治哲學家
查理・路易・德・孟德斯鳩（Charles Baron de Montesquieu, 1689–1755）
200 Francs，1983年版

亞當・斯密

　　英國蘇格蘭哲學家和經濟學家，歷時10年所著的《國富論》成為了第一本試圖闡述歐洲產業和商業發展歷史的著作。這部鉅作成為當時英國經濟政策的圭臬。斯密被視為英國古典經濟學派的代表人物。

　　這本書發展出現代的經濟學，也提供現代自由貿易、資本主義和自由意志主義的理論基礎。後來的馬克思政治經濟學理論也是在批判和吸收斯密理論後所創立而出。

英國現代經濟學之父
亞當・斯密（Adam Smith, 1723–1790）
20 Pounds，2006年版

查爾斯・羅伯特・達爾文

　　英國博物學家、生物學家，進化論奠基人。

　　達爾文在1859年發表的《物種起源》，提出所有生物物種是由少數共同祖先，經過長時間的自然選擇過程演化而成，此理論已是現今生物學的基石。

英國博物學家
查爾斯·羅伯特·達爾文（Charles Robert Darwin, 1809–1882）
10 Pounds，2000年版

西格蒙德·佛洛伊德

　　奧地利心理學家、精神分析學家。生於猶太籍商人的家庭，精神分析學的創始人。對哲學、美學、社會學、文學、流行文化等都有深刻的影響，被世人譽為「精神分析之父」，20世紀最偉大的心理學家之一。開創了潛意識研究的新領域，促進動力心理學、人格心理學和變態心理學的發展，奠定現代醫學模式的新基礎，為20世紀西方人文學科提供重要理論支柱。主要著作：《精神分析引論》、《夢的解析》、《日常生活心理病理學》。

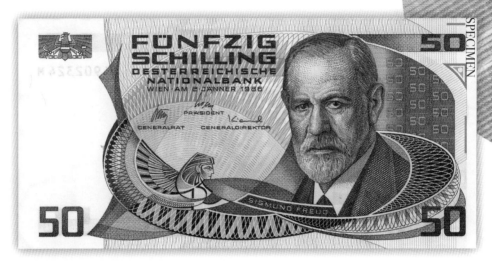

奧地利心理學家
西格蒙德‧佛洛伊德（Sigmund Freud, 1856–1939）
50 Schilling，1986年版

4.15 天文學家

　　天文學經希臘、亞歷山大文化，延續到2世紀托勒密後停頓下來。5–14世紀歐洲科學，進入黑暗時代。8–13世紀，巴格達伊斯蘭世界翻譯吸收世界文化，進入500年穆斯林黃金時代。直到13世紀蒙古人入侵，巴格達才沒落。15世紀起，西方將500年穆斯林成果發揚光大，完整、正確的天文學，清晰呈現在世人眼前。數學是科學之王，被運用到物理，而且也運用到到天文，所以自古以來，很多數學家是物理學家，也是天文學家。

希臘　德謨克利特

　　古希臘唯物主義哲學家，首先提出原子構想，認為原子是組成萬物的粒子，為現代原子科學發展奠定基石。馬克思和恩格斯讚美他是古希臘人中「第一個百科全書式的學者」。

希臘哲學家
德謨克利特（Democritus, BC460–BC370）
100 Drachmai，1967年版

希臘　柏拉圖

　　哲學家、天文學家，柏拉圖的宇宙觀，是一種數學的宇宙觀。認為整個宇宙是一個圓球，天體的運動都是圓形。柏拉圖是蘇格拉底的學生，也是亞里斯多德的老師，三人被認為是西方哲學的奠基者，史稱「西方三聖賢」或「希臘三哲」。

希臘哲學家
柏拉圖（Plato, BC427–BC347）
500000 Lire，1997年版

在透視點的二人，分別爲柏拉圖和亞里斯多德。柏拉圖挾著《蒂邁歐篇》，以手指指天，亞里斯多德手拿《倫理學》，手伸向前。

伊拉克　伊本‧海薩姆

天文學家、阿拉伯光學之父，研究光的反射和折射，說明光在同物質中，在一條直線上傳播。著作《論光學》奠定光學的基礎，大地是圓形的球體，和太陽保持直線距離，運算出地球的周長，出版一本光學試驗和分析的著作和牛頓公布內容相同，但此著作比牛頓早700年。

伊拉克物理學家
伊本‧海薩姆（Ibn al-Haitham, 965–1038）
10000 Dinars，2003年版

波蘭　尼古拉‧哥白尼

將主軸從地心學說轉移到日心學說。著作《天體運行論》，被後世學者奉爲自然科學的獨立宣言。是現代天文學的起步點，第一個提出日心地動的理論。探討運行理論、球面天文學、月球運動與行星運動等。指出地球與太陽系其他行星一般都繞著太陽運轉，否定基督教會宣稱地球是上帝特別創造，爲宇宙中心的「地心說」。自此天文學從宗教神學中解放出來。

出書之日，哥白尼已兩眼失明，正巧當天與世長辭。

愛因斯坦說：「哥白尼偉大的成就，不僅舖平了通向近代天文學的道路，而且幫助人們在宇宙觀上出現決定性的變革。」

波蘭科學家
尼古拉‧哥白尼（Nicolaus Copernicus, 1473–1543）
1000 Zlotych，1975年版

義大利　伽利略

現代實驗科學之父，開啓科學數學化時代，研究鐘擺運動、落體運動、斜面運動、天文觀察。指出「太陽是宇宙中心」，而不是教會主張的「世界以地球為中心」。宗教法庭將他軟禁，著作成為禁書，350年後才獲得平反。

1590年，伽利略在比薩斜塔上做「兩球同時落地」的著名實驗，研究自由落體運動，發現慣性運動定律，為牛頓三定律奠定基礎。

1638年，伽利略《關於力學和位置運動的兩種新科學的對話與數學證明》奠定動力學基礎，伽利略思想源於阿基米德，但以更明確的形式表達，帶給17世紀科學界巨大影響。

義大利科學家
伽利略・伽利雷（Galileo Galilei, 1564–1642）
2000 Lire，1973年版

荷蘭　克里斯蒂安・惠更斯

　　荷蘭物理學家、天文學家。研發出惠更斯目鏡，發現土星衛星土衛六、獵戶座大星雲和土星光環，把星雲分成不同恆星。惠更斯設計了擺鐘，發現向心力定律，提出動量守恆原理。

荷蘭天文學家
克里斯蒂安·惠更斯（Christiaan Huygens, 1629–1695）
25 Gulden，1955年版

克羅埃西亞　路德·博什科維奇

　　數學家、天文學家。以原子理論，幾何計算圖著名，發現月球上沒有大氣。第一個運用幾何方法，求出行星的赤道、位置、軌道的人。

克羅埃西亞科學家
路德·博什科維奇 （Ruder Boskovic, 1711–1787）
50000 Dinara，1993年版

斯洛維尼亞　尤里・維加

　　數學家、物理學家、天文學家。利用尤拉新發現的反正切級數，計算出圓周率 π，達到小數點後140位。這個世界紀錄維持了50年。

斯洛維尼亞科學家
尤里・維加（Jurij Vega, 1754–1802）
50 Tolarjev，1992年版

保加利亞　彼得・伯爾諾

　　科學家和教育學者，著作Fish Primer，使保加利亞教育出現嶄新的發展。內容包括語法、自然科學、數學、解剖學和歷史。製作出保加利亞第一部6吋赤道儀天文望遠鏡。

保加利亞科學家
彼得‧伯爾諾 （Petar Beron, 1799–1871）
10 Leva，1999年版

瑞士　萊昂哈德‧歐拉

　　瑞士數學家、天文學家，引進和推廣數學符號。第一個使用函數來運算，研究太陽、月亮和地球在相互間萬有引力作用的運動，特別是月亮的運動規律。與阿基米德、牛頓、高斯合稱數壇四傑。

　　歐拉28歲左眼失明，56歲雙目失明，依靠驚人記憶和心算能力進行研究和寫作，一個將數學視為生命的人，法國數學家Arago 說：「歐拉以其超乎想像的能力進行重要的數學研究，感覺好像呼吸那麼自然，如鷹展翅在空中翱翔那麼容易。」

瑞士科學家
萊昂哈德·歐拉（Leonhard Euler, 1707–1783）
10 Franken，1979年版

　　1736年，引入平面曲線的內在座標。人們稱18世紀是「歐拉時代」，數學史上最多產的數學家，寫出大量力學、分析學、幾何學、變分法的課本，《無窮小分析引論》、《微分學原理》，以及《積分學原理》都成爲數學中的經典著作。變分法的奠基人，複變函數論的先驅者。歐拉擴展微積分的領域，爲微分幾何及分析學產生與發展奠定基礎。計算出歐拉常數 γ 值。現在的數學符號很多都是他引入的，例如：函數符號f（x）、π、e、Σ、log x、sin x、cos x，虛數 i 等，甚至牛頓第二運動定律寫法 F＝m a。人稱「數學分析的化身」。數學界系統地出版歐拉的著作，定名爲《歐拉全集》

　　歐拉生平厄運連連但未被擊倒，反而更專心工作，研究成果大都在近60歲之後完成。

　　一生都在科學院度過，首先在俄國的聖彼得堡科學院，1740年後，在柏林科學院待到59歲，因與腓特列大帝有相處的問題，離開柏林，接受凱薩琳女皇二世邀請，再次前往聖彼得堡，直到過世。1783年一天下午，慶祝計算氣球上升定律的成功請朋友吃飯，當時天王星剛發現不久，歐拉寫出行星軌道的筆記。晚餐後，歐拉邊喝茶邊和小孫女玩，突然菸斗從手中落下，彎腰

去撿，但再也沒有站起來，抱頭喊了一聲：「我死了！」，歐拉停止了計算和生命。

哥倫比亞　胡里奧·阿爾梅洛

哥倫比亞天文學家。重要的成就在於天體力學研究方面，尤其是月球波動及其對地球氣候的影響研究，包括洪水、極冰和地球軌道加速現象。

哥倫比亞天文學家
胡里奧·阿爾梅洛（Julio Garavito Armero, 1865–1920）
20000 Pesos，2001年版

塞爾維亞　米盧廷·米蘭科維奇

塞爾維亞地球物理學家和天文學家。著作《地球日照原理及其在冰河期理論中的應用》指出太陽系各行星氣候特徵，解釋地球氣候變遷，地球軌道有3個週期性變化，決定冰河期主因。

塞爾維亞科學家
米盧廷·米蘭科維奇（Milutin Milankovic, 1879–1958）
2000 Dinara，2011年版

亞美尼亞　阿姆巴楚米揚

亞美尼亞天文學家，理論天文物理學的奠基者。 發現恆星和恆星系統起源，及演化理論。

提出如何計算在新星爆炸中所拋出物質的質量。

亞美尼亞天文學家
阿姆巴楚米揚（Viktor Amazaspovich Ambartsumian, 1908–1996）
100 Dram，1998年版

4.16 華陀再世

　　醫師，可以是偉大的小說家、詩人、科學家、心理學家、政治家等，更可能是社會的革命家。俗語說：「上醫醫國，中醫醫人，下醫醫病。」還有另一典範人物就是「聖醫醫世」，他們是醫療無國界的實踐者。鈔票上人物都是對國際、社會有貢獻的醫護人員，特別整理如下。

細菌學之父——路易士‧巴斯德

　　19世紀法國微生物學家、化學家、近代微生物學的奠基人。他雖然不是醫生出身的科學家，但對細菌學的貢獻，卻沒有一位醫生能超越。巴斯德開創出細菌生理學時代，微生物學從此成為一門獨立的學科。

　　巴斯德通過實驗，證實有機物發酵與變質是兩碼事，是由不同微生物產生的。還創造加溫的巴斯德滅菌法，來防止酒類變質。並且首次研製出炭疽菌苗、狂犬病疫苗，創建出現今所用疫苗的原理。

　　854年，32歲的巴斯德，被聘為里爾科學院院長，他所投注的研究，改變了整個化學歷史。

　　里爾是甜菜和釀酒之都，當時科學家可以寫出糖水發酵為酒的反應方程式，卻不知其所以然。巴斯德一次又一次的培養試驗，終於分離出純酵母菌，證實活的酵母菌，會使糖水發酵變酒。

　　發現酒中除了酵母菌外，還有其他的細菌存在，這些細菌就是導致酒變酸變壞的原因。如果將酒加熱到攝氏45℃到60℃，就可以防止酒變濁，也就是著名的巴斯德滅菌法。

　　此實驗成果，讓法國的釀酒工業走上科學化，法國依靠酒業大量收入，償還鉅額戰爭債務。此外，巴斯德也花了4年時間，挽救了瀕臨絕路的蠶絲工業，讓法國的蠶絲業起死回生。

　　1877年，致力於「炭疽病」與「雞霍亂」的預防疫苗的接種。他應用牛痘苗防疫的原理和方法，防治此兩種疫病的蔓延和流行。研究範疇由細菌學擴及於血清學與免疫學，並延伸到治療學的領域。1885年，63歲的巴斯德，發明對狂犬病的預防接種法。1888年巴斯德研究所成立，20世紀主要的疫苗

發明，幾乎都由這間研究所研發出來。法國人票選法國歷史上最受尊敬的人物，第一名就是巴斯德。

法國微生物學家
路易士‧巴斯德（Louis Pasteur, 1822–1895）
5 Francs，1967年版

血型發現者──卡爾‧蘭德斯泰納

　　奧地利免疫學家，血型的發現者。1901年，蘭德斯泰納發現血型。證明從一個人向另一個人輸血時，被輸入的血往往會在血管裡凝結。1909年，分辨出A、B、AB和O四種主要的血型。1930年，蘭德斯泰納因為此項發現，獲得諾貝爾生理和醫學獎。

奧地利科學家
卡爾·蘭德斯泰納（Karl Landsteiner, 1868–1943）
1000 Schilling，1997年版

青黴素的發明人 —— 亞歷山大·弗萊明

　　英國蘇格蘭生物學家，發現溶菌酶、盤尼西林（又名青黴素）開創出抗生素領域。

　　1929年，弗萊明發表《關於黴菌培養的殺菌作用》研究論文，指出受污染的青黴菌，能抑制固體培養基上金黃色葡萄球菌的生長。

　　1940年，在英國的澳大利亞人瓦爾特·弗羅里，和德國出生的鮑利斯·錢恩，重複弗萊明的工作，證實他的論文報告，提出青黴素，並經臨床驗證，有抗感染療效，從而開創抗生素研究、生產和應用的先河。

　　1945年，弗萊明、弗羅里和錢恩共獲諾貝爾生理學及醫學獎。

　　青黴素的發現，結束了傳染病幾乎無法治療的時代，將人類帶入合成新藥的新時代。

　　改變人類與傳染病搏鬥歷史，人類壽命也得以延長。

　　弗萊明與邱吉爾有段淵源，在19世紀某天下午，在英國鄉村田野裡，一位貧困的農民正在勞作，忽然聽到呼救聲，一名少年不幸落水了，農民不假思索跳入水中救人，獲救的孩子是位貴族公子。幾天後，老貴族帶禮物登門感謝，農民拒絕厚禮，老貴族敬佩農民的善良與高尚，決定資助農民的兒子到倫敦去接受高等教育，農民接受這份饋贈，讓孩子進入外面世界。多年

後，農民的兒子從倫敦聖瑪麗醫學院畢業，後來更被英國皇家授勳封爵，並獲得1945年的諾貝爾醫學獎，他就是亞歷山大‧弗萊明，青黴素的發明者。而那名獲救的貴族公子也長大了，在二戰期間患上嚴重的肺炎，但幸運的是依靠青黴素很快就痊癒，並帶領英國英勇度過二戰，這名貴族公子，就是英國首相邱吉爾。

蘇格蘭科學家
亞歷山大‧弗萊明（Alexander Fleming, 1881－1955）
5 Pounds，2009年版

青黴素的發揚者──霍華德‧弗羅里

澳洲藥理學家，由於對盤尼西林的研究，與恩斯特‧伯利斯‧錢恩以及亞歷山大‧弗萊明，共同獲得1945年諾貝爾生理學和醫學獎。著有《化學治療劑青黴素》、《對青黴素的進一步觀察》、《普通病理學》。

1929年弗萊明發現青黴素，但無法進行純化生產。1940年錢恩提煉出一點點青黴素，有重大突破，但離臨床還差得遠。弗羅里起先是研究溶菌酶，發現人類的眼睛和唾液裡，存在著一種會破壞細菌的物質，能成功地淨化溶菌酶。開始研究抗菌劑，並發現從黴菌中分離出穩定青黴素的方法，弗萊明

的一位朋友病重，弗萊明向弗羅里要一些青黴素，結果朋友奇蹟般地康復。

一顆爛西瓜促成曠世發明

　　有次，弗羅里在實驗室外街上散步，想買西瓜慰勞同事，走進水果店，東敲敲西敲敲後，拿起大西瓜付錢要走，忽然看到櫃檯上，放著一顆被擠破的西瓜，西瓜皮已潰爛，上面長出一層綠色黴斑。弗羅里放下懷裡的西瓜，反而捧走那顆爛西瓜走出水果店，老闆深感不解。弗羅里回到實驗室後，立即從西瓜上取下綠黴，開始培養菌種。

　　不久，實驗結果出來，讓弗羅里非常興奮，從爛西瓜裡得到的青黴素，竟從每立釐米40單位，一下子猛增到200單位。

　　1943年10月，弗羅里和美國軍方簽訂青黴素生產合同。二戰末期藉由青黴素的及時上市，迅速扭轉盟國的戰局。戰後青黴素更廣泛應用，造福更多人群。

澳州病理學家
霍華德・弗羅里（Howard Walter Florey, 1898–1968）
50 Dollars，1994年版

日本醫聖——野口英世

日本著名醫學家、細菌學家。獻身黃熱病研究，三度被提名諾貝爾醫學獎，最後一次有可能得獎，但卻因第一次世界大戰發生，遭到取消。爲了研究黃熱病，前往西非迦納，試圖證明黃熱病的致病體是螺旋菌而非病毒，最後卻身染黃熱病去世，被稱爲「日本的國寶」。作品有《蛇毒》、《梅毒的實驗診斷》等。

幼時學走路時，跌入取暖用的火堆，致使左手燒傷，直到小學畢業，才由渡部鼎醫師開刀，將沾黏的左手手指部分恢復。至此，野口英世體會醫療的偉大，自動加入渡部醫院，擔任助手，開啓他追求醫學的一生。

日本醫學家
野口英世（1876–1928）
1000 圓，2004年版

實驗醫學先驅——奧斯瓦爾多·克魯斯

巴西醫生、細菌學家，流行病學和公共衛生官員。

奧斯瓦爾多·克魯斯研究所創始人，巴西熱帶疾病研究和實驗醫學的先驅，對全國推動一場衛生運動，以消除淋巴腺鼠疫、黃熱病和天花。

1909年巴西醫生卡洛斯‧查加斯發現一種寄生蟲，取名為克魯斯氏錐蟲，為紀念其好友兼科學家奧斯瓦爾多‧克魯斯將這種病命名為查加斯病。克魯斯氏錐蟲由傷口進入血液後，會在心臟大量繁殖，使心力衰竭。這種病主要流行於中美洲和南美洲18個國家。據美國疾病防控中心數據統計，目前全球約有800～1100萬人感染接吻蟲所導致的查加斯病，此外還有高達1.86億人存在感染風險。和伊波拉病一樣，正大肆威脅全球人類的健康。

巴西醫學家
奧斯瓦爾多‧克魯斯（Oswaldo Cruz, 1872–1917）
50 Cruzados，1986年版

精神外科之父——安東尼奧‧埃加斯‧莫尼斯

葡萄牙精神病學家和神經外科醫生。發現前腦葉白質切除術，對某些心理疾病的治療有很好的效果。1949年諾貝爾生理學和醫學獎。他是第一位獲得諾貝爾獎的葡萄牙人。開闢出新的醫學學科——精神外科學。

1935年，莫尼斯在里斯本的聖瑪塔醫院做嘗試，在病人顱骨上鋸開一個小孔，通過這個開口，向前腦葉當中注射乙醇，殺死那一片的神經纖維。手術之後，病人活下來，症狀有所減輕，雖未能恢復完全，但手術算是成功。

接二連三的手術，前20例手術的病人都倖存下來，而且沒留下太嚴重的後遺症。莫尼斯總結：「前腦葉切除術簡單，高效且毫無危險，很可能是一種高效治療精神錯亂的外科手術。」因而獲得1949年度諾貝爾醫學與生理學獎。

葡萄牙醫生
安東尼奧・埃加斯・莫尼斯（António Egas Moniz, 1874–1955）
10000 Escudos，1989 年版

臨床教學奠基者──赫爾曼・布林哈夫

　　歐洲知名的荷蘭植物學家，人文主義者和醫生。被視為臨床教學以及現代學術醫院的奠基人。萊頓大學的化學、植物學和醫學教授，從事數學、力學和靜力學研究，將各種新興學科與臨床教學結合起來，使萊頓成為全歐洲的醫學中心，對後世的現代醫學教育影響深遠。引導萊頓大學的醫學研究，轉向自然科學靠攏。所編寫的醫學教材和化學課本，被歐洲各國大學所採用，享有「歐洲教育大師」的美譽。

荷蘭科學家
赫爾曼・布林哈夫（Herman Boerhaave, 1668–1738）
20 Gulden，1955年版

澳洲獸藥科學家——克盧尼斯・羅斯

　　澳大利亞早期傑出的科學家、寄生蟲及獸藥科學家，1949年至1959年，澳大利亞聯邦科學與工業研究組織主席。強而有力的領導，和強烈的人文素質，是澳大利亞的開拓學者。對澳大利亞的科技管理、科研組織以及推動科研與生產結合方面有很高的聲譽，促進澳大利亞的科學發展有卓越的貢獻。

　　被稱為澳大利亞科學繁榮的建築師。也是專業獸醫，對牲畜寄生蟲有深入研究。對澳洲無線電天文學，動物和植物生理學，控制黏液瘤病毒兔子的傳播，微量元素作用的發現，以及羊毛加工組合推廣方面有重大貢獻。

澳大利亞科學家
克盧尼斯 · 羅斯（Clunies Ross, 1899–1959）
50 Dollars，1994年版

飛行醫生組織創始人 ── 約翰 · 弗林

　　澳洲醫生、牧師。世界上第一個飛行醫生服務機構創始人。世界上第一個專門以飛機來運送醫生，為偏遠地區的病患或傷患提供緊急救護服務的醫療機構。70多年來，皇家飛行醫生服務組織的醫生、護士和飛行員，不畏艱險地，往返奔波於澳大利亞廣袤的內陸地區，挽救無數病人和傷患的生命。

　　約翰 · 弗林是澳大利亞長老會牧師，在南澳的一個教堂裡當傳教士，曾騎駱駝、馬車來往於偏遠住戶和城市之間行醫，每次行程都好幾千米。他將無線電、航空、醫療三方面技術相結合，打造出一個安全覆蓋網的構想。1928年，創建出世界上第一個空中救護組織──「皇家飛行醫生服務」。

澳大利亞醫生
約翰・弗林（Reverend John Flynn, 1880–1951）
20 Dollars，2002年版

比較胚胎學創始人——卡爾・恩斯特・馮・貝爾

德裔愛沙尼亞生物學家，比較胚胎學的創始人，實驗胚胎學的奠基人。貝爾長期從事脊椎動物胚胎發育的研究。1828年，比較不同脊椎動物的胚胎發育，發表《動物發生史——觀察與思考》一書，系統地總結有關脊椎動物胚胎發育的知識。找出胚胎學上的「貝爾法則（Baer's law）」。

愛沙尼亞生物學家
卡爾・恩斯特・馮・貝爾 （Karl Ernst von Baer, 1792–1876）
2 Krooni，2006年版

阿斯匹林發明人 —— 保羅‧埃爾利希

德國科學家、細菌學家、免疫學家。1908年，因抗體與抗原研究，獲得諾貝爾醫學獎。化學創始人、阿斯匹林發明人。

1909年，保羅運用新合成的砷化合物，與助手秦佐八郎，在605次實驗失敗後，成功發現治療梅毒的砒素劑（Salvarsan），命名為「606號」。它既能殺死侵入人體內的梅毒細菌，又不傷害人體。這個藥物的問世，開創出化學藥物療法的新紀元。1911年606號正式運用在梅毒治療。

德國科學家
保羅‧埃爾利希（Paul Ehrlich, 1854–1915）
200 Deutsche Mark，1996年版

4.17 諾貝爾文學桂冠

比昂斯滕‧比昂松（1903年得主）

挪威戲劇家、詩人、小說家。作品有小說、詩歌和戲劇。主要文學成就是戲劇，共寫了21部劇本。作品有劇作《皇帝》、《挑戰的手套》，詩集《詩與歌》等。

1903年，獲得諾貝爾文學獎：「他以詩人鮮活的靈感和難得的赤子之心，把作品寫得雍容、華麗而又繽紛。」，作品《挑戰的手套》內容是一部愛情、婚姻、家庭題材的作品，揭示資本主義社會中婦女的屈辱地位。

比昂松一生為爭取民族獨立、發展挪威文化、擺脫異國束縛和統治進行奮鬥。晚年支持芬蘭，反對沙俄侵略，積極參加反對戰爭、爭取和平。

挪威詩人
比昂斯滕‧比昂松（Bjornstjerne Bjornson, 1832–1910）
50 Kroner，1983年版

何塞‧埃切加賴（1904年得主）

生命的前40年，全在數學和科學研究，在學校裡當純數學及應用數學的教授。因分析能力和對於經濟社會政治的興趣，曾擔任過西班牙商業、教育和財政大臣及西班牙語言學院和自然科學院院士。

1874年波旁王朝復辟，政治生涯中斷，舉家遷往法國。埃切加賴在法國居留時間不長，回到馬德里後的30年生涯貢獻給文學。

1904年，在他大量出色的劇作中，以獨特、新穎的風格，復興了西班牙戲劇的偉大傳統，與法國詩人弗雷德里克‧米斯特拉爾，一起獲得諾貝爾文學獎，成為第一個獲得諾貝爾獎的西班牙人。代表作為《瘋子與聖人》和《偉大的牽線人》。

埃切加賴埋頭創作，每年完成3、4部作品，在30年之內，先後寫出100多部劇本，成為西班牙戲劇史上少有的多產劇作家。代表作有《瘋子與聖人》、《大帆船》、《瘋狂的上帝》、《唐璜之子》、《瑪麗亞納》。大部分劇作都是悲劇。

西班牙作家
何塞·埃切加賴（José Echegaray, 1832–1916）
1000 Pesetas，1971年版

西爾瑪·拉格洛夫（1909年得主）

　　瑞典作家。主要作品有長篇小說《耶路撒冷》、童話《騎鵝旅行記》等。瑞典第一位獲得諾貝爾文學獎作家，也是世界上第一位獲得文學獎的女性。3歲半的時候，兩腳麻痺不能行走。童年時坐在輪椅聽祖母說家鄉的傳說與故事，開啓了她對文學的興趣。她的雙腿經過多次治療後，也能像正常人一樣行走。

　　1909年作品《騎鵝旅行記》，獲諾貝爾文學獎。獲獎理由：「由於她作品中特有的高貴理想主義、豐富的想像力、平易而優美的風格」。這個擬

人化的故事，把動植物和人類界融爲一體，對孩子們進行品德教育和知識傳授，使孩子們懂得「愛」才是人生中最寶貴、最美好、最神聖的東西，只有眞誠地付出愛，才能得到幸福。

瑞典作家
西爾瑪‧拉格洛夫（Selma Lagerlöf, 1858–1940）
20 Kronor，1997**年版**

威廉‧巴特勒‧葉慈（1923年得主）

愛爾蘭詩人、劇作家，神祕主義者。愛爾蘭凱爾特復興運動的領袖，艾比劇院的創建者之一。作品有短詩《瑞典之豐饒》、散文《靈視》等。葉慈早年的創作具有浪漫主義的華麗風格，代表作散文集《凱爾特的薄暮》。進入不惑之年後，創作風格變化，趨近現代主義。

1923年獲得諾貝爾文學獎，獲獎的理由是「以高度藝術化，且洋溢著靈感的詩作，表達了整個民族的靈魂」。

《當你老了》——葉慈

當你老了，頭白了，睡意昏沉，爐火旁打盹，請取下這部詩歌，
慢慢讀，回想你過去眼神的柔和，回想它們昔日濃重的陰影；
多少人愛你青春歡暢的時辰，愛慕你的美麗，假意或真心，
只有一個人愛你那朝聖者的靈魂，愛你衰老了臉上痛苦的皺紋；
垂下頭來，在紅光閃耀的爐子旁，淒然地輕輕訴説那愛情的消逝，
在頭頂的山上它緩緩踱著步子，在一群星星中間隱藏著臉龐。

愛爾蘭詩人
威廉·巴特勒·葉慈（William Butler Yeats, 1865–1939）
20 Pounds，1982年版

西格麗德·溫塞特（1928年得主）

　　挪威女小說家。出生於丹麥，2歲時全家移居挪威。幼年喪父，中年喪子，經歷兩次世界大戰的洗禮。堅韌的意志和不朽的文字，在歷史上寫下時代的沉浮。代表作品《新娘·主人·十字架》三部曲。

　　1920年到1927年間，出版《克里斯汀·拉夫朗的女兒》、《馬灣的主人》。1928年獲諾貝爾文學獎，對中世紀斯堪的那維亞生活描述引人入勝。

著作出以13世紀中古挪威爲背景的兩大系列小說：三卷本的《克里斯汀‧拉夫朗的女兒》和四卷本的《馬灣的主人》。

加夫列拉‧米斯特拉爾（1945年得主）

「智利的女兒，她屬於人民。」——詩人聶魯達語。

9歲練習寫詩，14歲發表詩作。1922年，第一本詩集《孤寂》出版。

1938年，發表第三本詩集《有刺的樹》，詩的內容，由個人的嘆惋和沉思，轉變成博愛和人道主義，憐憫窮苦的婦女，爲受壓迫被遺棄的人們抱不平。反映出印地安人的苦難和猶太民族的不幸，及被遺棄者的困苦。

1945年，因爲她那由強烈感情孕育而成的抒情詩，使她獲得諾貝爾文學獎。成爲拉丁美洲第一位獲得該獎的詩人。她的名字，成爲整個拉丁美洲的理想象徵。

智利詩人
加夫列拉・米斯特拉爾（Gabriela Mistral, 1889–1957）
5000 Pesos，2009年版

胡安・拉蒙・希門內斯（1956年得主）

　　20世紀西班牙最重要的抒情詩人和散文家，出版詩集40餘部3600餘首。多產的作家，代表作《小毛驢與我》、《悲哀的詠嘆調》、《天空與石頭》、《一個新婚詩人的日記》等。優秀的作品大部分收錄在《散文詩與押韻詩集》裡面。對藝術極為挑剔，創作時總是精雕細琢以求完美，被譽為「詩人中的詩人」。

　　1956年由於他的西班牙語抒情詩，為高尚的情操和藝術的純真樹立了一個典範，而被授予諾貝爾文學獎。在他接受諾貝爾文學獎三天後，妻子塞諾維亞卻死於癌症，致使詩人無法從悲痛中復原，兩年後也去世，和妻子一起長眠在家鄉墓地。

　　希門內斯是現代詩人，最受讀者歡迎的作品就是《小毛驢與我》。這本書在歐洲是家喻戶曉的讀物，與《小王子》、《夏洛的網》齊名。

西班牙作家
胡安·拉蒙·希門內斯（Juan ramon Jimenez, 1881–1958）
2000 Pesetas，1980年版

伊沃·安德里奇 （1961年得主）

　　南斯拉夫的塞爾維亞作家。第一次世界大戰爆發後，因是「青年波士尼亞」組織成員，在刺殺奧匈帝國皇儲案中受牽連，被當局逮捕後流放。1918年獲釋，發表大量愛國主義抒情詩、散文和文學評論。主要作品有波士尼亞三部曲：《德里納河上的橋》、《特列夫尼克紀事》、《塞拉耶佛女郎》，代表作《德里納河上的橋》擅長歷史題材，描繪出南斯拉夫400年的歷史畫卷，呈現出南斯拉夫人民，在苦難中可貴的鬥爭精神。

　　1961年獲諾貝爾文學獎。原因是：「作品流串出史詩般的力量，在祖國歷史中追尋主題，描繪人們狂熱愛國情操。」

南斯拉夫作家
伊沃‧安德里奇（Ivo Andric, 1892–1975）
200 Convertible Maraka，2002年版

山謬‧約瑟夫‧阿格農（1966年得主）

　　以色列作家。小說成就給阿格農帶來極高的榮譽。1946年獲「烏希金獎」，1934年和1951年獲「比阿力獎」，1954年和1958年獲「以色列獎」。

　　阿格農生於波蘭，後移居耶路撒冷。對他而言，「耶路撒冷就是太陽」。猶太民族的燦爛文化哺育了他，透過他的筆得到頌揚。1966年獲得諾貝爾文學獎。阿格農因為「敘述技巧深刻而獨特，並從猶太民族的生命汲取主題」而獲獎。瑞典學院讚譽他是「現代希伯來文學的首要作家」。

　　阿格農的小說從標題到內容，都深深打上聖經的烙印。作品中充滿著聖經和猶太塔木德的餘韻和精妙，作品被奉為經典，在猶太文學界的崇高地位無人能超越。

以色列作家
山謬‧約瑟夫‧阿格農（Shmuel Josef Agnon, 1888–1970）
50 New Sheqalim，1998年版

4.18 科學大突破

牛頓──萬有引力

　　艾薩克‧牛頓是英格蘭科學家和數學家。以哥白尼、伽利略、開普勒等諸多科學家的科研成果爲基礎，發明微積分，提出三大運動定律和萬有引力，奠定近代科學發展的基礎，推動了科學革命。牛頓曾說：「如果說我看得比別人遠些，那是因爲我站在巨人的肩膀上。」

英國科學家
艾薩克・牛頓（Isaac Newton, 1643–1727）
1 Pound，1978年版

富蘭克林──避雷針

　　1745年，波蘭萊頓大學馬森布洛克教授做實驗，首先把帶電的一根鐵釘放進玻璃瓶，過一會兒想把鐵釘取出來，一隻手拿瓶子，另一隻手拿鐵釘，在接觸鐵釘的瞬間，手指突然感受強烈刺痛。從此這種保存電荷帶電的瓶子，稱作萊頓瓶。

　　1752年，富蘭克林在費城實驗，風箏頂端綁根細鐵絲，當雷電的雲來到，鐵絲立即從雲中吸取電火，繩子纖維豎起來，當雨點打在繩子上，大量電火流下來，使萊頓瓶充滿著電。

　　富蘭克林把幾個萊頓瓶連接起來，一手提火雞，想試試電的威力，結果受到電擊，人當場被擊倒。實驗證明，天空中的閃電和地面物體摩擦所產生的電，兩者性質是一樣的。

　　富蘭克林特寫下《論閃電和電氣相同》的論文。得到科學界的公認，同意將電分為正電、負電，確定同電相斥，異電相吸。費城實驗後的第二年，富蘭克林發明了避雷針。

美國科學家
班傑明·富蘭克林 （Benjamin Franklin, 1706-1790）
100 Dollars，2006年版

庫侖──電學進入定量科學

1785年，法國物理學家庫侖發表《電力定律》，以實驗證明兩電荷間力與距離的關係。

庫侖定律：「電荷之間的作用力與所帶的電量成正比，與它們之間的距離平方成反比。」

電學就此進入定量科學行列。自此「庫侖」成為電量單位。

伏特──電池

1793年，伽伐尼來到英國皇家學會發表和表演電流的新發現。這場演說是富蘭克林之後，有關電的最新知識，全場爆滿，此時伏特先生也在其中聽講。

經過7年努力研究，伏特終於有新發現。1800年，柱狀的伏特電堆就此誕生。疊得越高，電流就越強。不同金屬接觸，表面就會出現異性電荷，就會有電壓。

伏特電池發明後不久，英國William Nicholson與Anthony Carlisle發現電解現象、電鍍原理。1802年，芮特製造出乾電池、1803年，製造出蓄電池。1835年，德國恩斯特·西門子，把電鍍技術改善廣泛應用。

義大利物理學家
亞歷山卓·伏特（Alessandro Volta, 1745-1827）
10000 Lire，1984年版，133mmx70mm

德國發明家
西門子公司創始人 恩斯特·西門子 （Ernst Siemens, 1816–1892）
20 Reichsmark，1929年版

奧斯特──電磁學

1820年，丹麥漢斯·奧斯特發表電流對磁針影響的實驗，這是科學史上電磁學第一個實驗「電能生磁」，發現載流導線的電流，會產生作用力，使磁針改變方向。為了紀念他的貢獻，磁場強度單位稱為奧斯特。

安徒生年輕時就是擔任奧斯特小女兒瑪悌菈的家教，《安徒生童話》女主角常是她。

法拉第對奧斯特的發現評價：「他猛然打開一個科學領域的大門，那裡過去是一片漆黑的，如今卻已充滿了光明」。

丹麥物理學家
漢斯·奧斯特（Hans Orsted, 1777–1851）
100 Kroner，1970年版

法拉第──電磁場

英國科學家。電磁感應的發現和電磁場概念的提出。進行「電磁旋轉實驗」，第一臺將電能轉化為機械能的裝置。法拉第提出「力線」及「場」，還提出電磁波的假設：電磁作用可用波的形式傳播，而光很有可能是一種電磁波。這些假設，後來都被馬克斯威爾和赫茲證實。

英國物理學家
麥可‧法拉第（Michael Faraday, 1791–1867）
20 Pounds，1993年版

卡爾‧高斯 —— 高斯定律

　　德國著名數學家、物理學家、天文學家。有「數學王子」的美譽。

　　1796年，高斯得到數學史上極重要結果《正十七邊形尺規作圖之理論與方法》。之後發明了磁強計、測出地球磁場、提出高斯定律（高斯通量定理）：「通過任何封閉表面的電通量與封閉面積內的電量成正比。」

德國科學家
卡爾・高斯（Carl Friedrich Gauss, 1777–1855）
10 Deutsche Mark，1993**年版**

古列爾莫・馬可尼 —— 無線電通信

　　義大利物理學家。1909年諾貝爾物理學獎得主，在眾多研究無線電的人中第一個登上高峰。

　　人類第一次建構成通信的橋梁，雖不是無線電的第一個拓荒者，卻是集大成者而取得成功。

義大利物理學家
古列爾莫・馬可尼（Guglielmo Marconi, 1874–1937）
2000 Lire，1990年版

尼古拉・特斯拉——交流電

　　南斯拉夫科學家。繼愛迪生發明直流電D.C.後，發明交流電A.C.，並製造出世界第一臺交流電發電機，讓「無線傳訊」理論成為現實。發明X光攝影技術、收音機、雷達、傳真機、真空管、霓虹光管等。磁力線密度單位以他為名。在法拉第電磁場理論基礎上，特斯拉有許多項革命性發明，是無線通訊和無線電的基石。

　　聽到特斯拉，自然反應就是電動車，但特斯拉是誰就很少人知道。其實他就是交流電之父、無線電、粒子牆、引力牆等所有統稱之父，他設計出現代的交流電力和無線通信基礎，才有20世紀工業文明生活。

南斯拉夫
尼古拉・特斯拉（Nikola Tesla, 1856–1943）
100 Dinara，2000年版

　　諾貝爾物理學獎成立30年裡，他被提名11次。其中2次和愛迪生一起被提名，卻因雙方彼此仇視，都拒絕接受。特斯拉雖終身未得諾貝爾獎，但65％諾貝爾獎物理獎得主，是經由研究特斯拉的產品及理論而獲獎。

克雷斯蒂安・伯克蘭——磁層物理

　　挪威地球物理學家，磁層物理的奠基人。伯克蘭與埃德（S. Eyde）共同獲得利用電磁固氮肥的專利，對挪威工業貢獻很大。他也是線圈炮發明人。提出並驗證來自太陽的電子可直接產生極光的原理，並提出一種沿地磁場的垂直電流體系模式。

　　雖然伯克蘭未獲諾貝爾獎，但獲得過7次提名。

挪威科學家
克雷斯蒂安‧伯克蘭（K. Kristian Birkeland 1867-1917）
200 Kroner，2002年版

瑪麗‧居禮──諾貝爾獎的榮耀家族

　　1902年，居禮夫婦提煉出1克的鐳並測量出原子量225，歐洲科學界掀起放射線熱潮。1903年和丈夫皮耶‧居禮共同獲得物理學獎，1911年又因放射化學方面的成就獲得諾貝爾化學獎，共計獲得兩項不同領域的諾貝爾獎。所設計的「小居禮」放射線治療車，以及利用鐳的放射來治療惡性腫瘤的「居禮療法」，在第一次世界大戰期間總共救活超過100萬人，為人類帶來莫大的福祉，被譽為「人類的恩人」。由於長期接觸放射性物質，居禮夫人於1934年因惡性白血病逝世。難能可貴的是大女兒伊雷娜和丈夫弗雷德里克1935年也共同獲得化學獎。小女兒艾芙著有《居禮夫人傳》，她本人並不是科學家，但丈夫亨利是聯合國兒童基金會執行主任，領取1965年諾貝爾和平獎，這是整個家族永遠的榮耀。

　　愛因斯坦說：「在所有著名人物中，居禮夫人是唯一不被榮譽所腐蝕的人。」

法國科學家夫婦
瑪麗・居禮（Marie Curie 1867 － 1934）
皮耶・居禮（Pierre Curie 1859 － 1906）
500 Francs, 1994 **年版**

卡文迪西實驗室──電子、質子、中子

　　1884年－1919年，實驗室主任約瑟夫・湯姆森在1897年發現電子，1912年發現同位素與質譜法，實驗證明陰極射線可電偏轉。他的兒子喬治・湯姆森證實電子是一種波，在他主持的35年中，實驗室培養出大量的科學家，55人成為世界各大學的教授，其中威爾遜、波耳、拉塞福等10人獲得諾貝爾獎。

　　1899年，拉塞福進行「放射性的半衰期實驗」，利用鈾和鈾化合物在裂變時會產生放射線的特性，發現強磁場作用中的α、β、γ射線。

　　1911年，拉塞福發表論文，宣稱原子核的存在，電子繞著原子核轉，像行星繞著太陽轉一樣。

　　1919年，拉塞福用α粒子作為砲彈轟擊氮，產生氫離子也就是質子，並產生氧17原子核，實現人類歷史上第一個核反應。陸續發現硼、氟、鈉、鋁、磷等元素，證明在核反應下可將一種元素變成另一種元素。拉塞福預言存在一個不帶電中子，11年後，查德威克證實此中子的存在，至此確認原子核由質子和中子兩種粒子所組成。

拉塞福許多實驗成果，被應用到許多層面，如核電站、放射標誌物以及運用放射性測定年代。

拉塞福實驗室──諾貝爾獎得主搖籃

拉塞福一系列偉大科學發現，征服整個科學界，培養出整整一世代出類拔萃的科學家群，學生們來自 10 幾個國家，受指導研究而獲諾貝爾獎者高達 10 人。

居禮夫人曾預言：「拉塞福有希望賜給人類不可估量的贈品。」

他帶動整個科學界，深入研究原子的物理結構，讓人類從宏觀世界走向微觀世界，開啟現代原子物理學和量子力學。

紐西蘭　科學家
歐尼斯特·拉塞福（Ernest Rutherford, 1871-1937）
100 Dollars，1999年版

1913年，波耳發表《原子構造和分子構造》論文，波耳綜合氫原子的光譜實驗、拉塞福的原子模型和蒲朗克的量子理論，創造出他心目中的原子模型：電子只能在特定的軌道，繞著原子核作圓形或橢圓形運轉時會放出電磁波；另外，電子可以從這個軌道跳到那個軌道去，如果是從高層軌道跳到低軌道，則放出光。對二十世紀物理學的發展影響深遠。

二次世界大戰之間，拉塞福主持的卡文狄希實驗室，和波耳領導的哥本哈根理論物理研究所，成為當時國際兩大原子物理研究中心。

　　1922年，波耳到車站迎接愛因斯坦，兩人搭電車回家，在車上討論太投入，坐過站，只好下車搭返回電車，不料又過了頭，如此來回幾次。因為談得太投機！

　　愛因斯坦為什麼特地來哥本哈根呢？因為，那年他們要一起領諾貝爾物理獎。波耳領1922諾貝爾物理學獎，而愛因斯坦則是補領1921年諾貝爾物理學獎。

埃爾溫・薛丁格——量子力學

　　「量子力學」與「相對論」並稱為現代物理的兩大支柱，目前現代科技的發展，比方說電腦、攝影機、數位相機、DVD……全是量子物理之後的技術。

　　1920-30年代，量子力學有兩大陣營，薛丁格和德布羅意等，使用微積分的波動力學派和海森堡及玻恩等，使用線性代數的矩陣力學派。

　　1926年，提出著名的薛丁格方程式，至今仍是量子力學的理論基礎。

　　沃納・海森堡在稍早的時候提出矩陣力學，薛丁格提出薛丁格方程式，兩者可得相同結果。

　　由於薛丁格方程式使用微分方程式的形式，比矩陣力學容易理解，因此被廣泛用於教學。

　　1926年，提出薛丁格方程式，為量子力學奠定堅實的基礎。

　　1933年，發現了在原子理論裡很有用的新形式，薛丁格和物理學家保羅・狄拉克共同獲得諾貝爾物理學獎，表彰他們發現薛丁格方程式和狄拉克方程式。

　　1932年，海森堡因為「創立量子力學以及由此導致的氫的同素異形體的發現」而榮獲諾貝爾物理學獎。他對物理學的主要貢獻：給出量子力學的矩陣形式（矩陣力學），提出「測不準原理」和S矩陣理論等。《量子論的物理學基礎》是量子力學領域的一部古典著作。

奧地利物理學家
埃爾溫 · 薛丁格（Erwin Schrodinger, 1887-1961）
1000 Schilling，1983年版

莉澤 · 邁特納——核裂變

1938年，奧托 · 哈恩和F. 斯特拉斯曼一起發現核裂變現象，發現中子被鈾原子吸收後，鈾原子會產生裂變，裂變成爲大約兩半。

這核裂理論基礎，被繼居禮夫人之後的另一位偉大女物理學家莉澤 · 邁特納（Lise Meitner）提出，指出裂變後的原子核總質量，比裂變前的鈾核質量小，這個小小的質量差，已被轉換成能量。邁特納根據愛因斯坦的相對論 $E=mc^2$ 的方程式，計算出每個裂變的原子核，會釋放2億電子伏特能量。

日後所研發的原子彈以及核電廠能量來源，就是來自此核裂變學說。

原子彈用鈽-239爲裂變原料。而核電廠用鈾-235作爲裂變原料。

一封信促成原子彈的誕生

義大利物理學家費米是中子物理學之父，利用鐳和鈹混和產生中子，成功完成60種以上元素的原子核轉換。發現低能量中子反而比高能量中子更能核子轉換。

1938年，利用去斯德哥爾摩領取諾貝爾物理獎後，藉機轉往紐約。

1944年，費米加入美國籍。

二戰（1939年至1945年）時期，擔心德國先製作出原子彈，阿爾伯特‧愛因斯坦捎信給羅斯福總統，告知羅斯福總統「用大量的鈾達到原子核鏈式反應似乎已成為可能。」

美國政府立即成立「鈾顧問委員會」，工程代號「曼哈頓工程」。工程投資22億美元，投入人力達50餘萬人。工程由萊斯利‧格羅夫斯負責全面指揮，阿瑟‧康普頓負責裂變材料的製備工作，

科學家費米負責制造原子反應堆，物理學家奧本海默為原子彈總設計師。

成員包括有尼爾斯‧波耳、愛德華‧泰勒等眾多著名物理學家。

尼爾斯‧波耳 —— 原子和平獎

在原子世界發現質能互變的新大陸

哈恩和邁特納的鈾核裂，只用少量的中子實行轟擊，產生的能量有限。而費米此時卻需要大量的中子，促成大量裂變。

當鈾核受到中子轟擊分裂開時，同時放出一個或幾個中子，這些中子再去轟擊其他的鈾核又放出中子，裂變不斷進行下去，不斷放出能量 —— 這叫「鏈式反應」。

1492年，義大利人哥倫布發現新大陸，過了450年後的1942年，另一個義大利人費米在原子世界又發現另一塊新大陸。

二戰末期德國已潰散、日本也在失敗邊緣，科學家們用心規劃製作原子彈，就是用它作為保家衛國的依靠，不是拿來攻擊人類，戰爭已到末期，任務應可退休，原子彈已沒有使用的理由。波耳為此理念，晉見羅斯福總統，愛因斯坦也向總統再次擬好信件，但羅斯福不久病逝，杜魯門總統上任。此時科學家們勸止行動似乎已太晚，老虎養大就很難限制牠的野性，原子彈一旦製造出來，就由不得科學家，而是政治家說了算，投放原子彈的命令，杜魯門簽了。

讓愛因斯坦後悔心痛的原子彈

1945年，美國花費20多億美元，終於研製3枚原子彈，「小玩意兒」、「小男孩」和「胖子」。1945年8月6日，投下第一顆原子彈，愛因斯坦正在紐約州滑行帆船，得知消息後，驚恐半天才說一句：

「戰爭是打贏了，但和平卻失去了。現在最大的感觸就是後悔，當初不該寫那封信給羅斯福總統。當初只想把原子彈從瘋子希特勒手中搶過來。想不到現在反而送到另一個瘋子手上。」

禁用核武器已成世界性和平運動

愛因斯坦聽到自己建議研製的原子彈，已在廣島上空爆炸，無數百姓瞬間灰飛湮滅，不禁痛心疾首，大呼科學家們要起而帶頭禁止，自此以後，禁止使用核武器已成世界性的和平運動。

科學爲這場戰爭研發出最可怕的殺人武器 —— 原子彈，此武器的誕生，卻使人類文明面臨嚴酷挑戰，所有生命、家園正面臨崩毀危機。

「禁用核武器」已是人類生存與否的時代使命。

1950年6月，波耳寫給聯合國的一封公開信，呼籲國際社會和平利用核能並進行合作。

1957年，在蘇聯進行第一次核試驗後，「國際原子能機構」在波耳的一再建議下終於成立。

1957年，波耳獲得首次頒發的原子和平獎。

丹麥科學家
尼爾斯・波耳（Niels Bohr, 1885－1962）
500 Kroner, 2003年版

卷尾　名人鈔票啓示錄

　　古今中外征服世界的英雄有很多位，有成吉斯汗、亞歷山大、漢尼拔、拿破崙、希特勒、凱撒等等，其中以成吉思汗征服的版圖最廣，領土有486萬平方公里之多。以拿破崙影響世界最大。特將兩人評比一下。

成吉思汗

　　是歷史上傳奇人物，傑出的軍事統帥，一生征戰60多次，除十三翼戰爭之外，無一失敗。建立蒙古帝國，征服地區廣達中亞、東歐黑海濱，從太平洋沿岸直到裡海，成為世界歷史上最有名橫跨歐亞的大帝國。民國史學家張振佩於其著作《成吉思汗評傳》中評論：「成吉思汗之功業擴大人類之世界觀——促進中西文化之交流——創造民族新文化。」

蒙古帝國奠基者
成吉思汗（Chinggis Khan, 1162–1227）
1000 Tugrik，2003年版

拿破崙

　　法國軍事家，在法國大革命末期和法國大革命戰爭中達到權力巔峰。帶領法國對抗一系列的反法同盟，征戰近60次，有50餘次勝仗，建立法蘭西第一帝國，領土廣達75萬平方公里，帝國包括法國、比利時、荷蘭、瑞士和西班牙。推動司法改革，頒布《拿破崙法典》為後世資本主義國家的立法藍本，改變整個歐洲及世界新面貌。遠征埃及時，破解「古埃及」文，讓歷史還原5000年文化。

法國皇帝
拿破崙‧波拿巴（Napoléon Bonaparte, 1769–1821）
100 Nouveaux Francs，1960年版

鈔票人物取材新趨勢

　　世上的軍事家、政治家功過參半，因取得權力而腐化，影響所及常是一個國家。世上的藝術家、音樂家、文學家或科學家，影響所及卻是全世界、全人類，千秋萬世。現今世界各國的鈔票人物走向，漸漸走向後者，我們以歐洲的挪威、亞洲的韓國及大洋洲的紐西蘭為例說明，他們位居世界上進步的國度。

挪威：挪威（Norway）一詞在9世紀時出現，意爲「通往北方之路」、「北方航道」。

19世紀，挪威由君主制轉變爲君主立憲王國，現任國王哈拉爾五世於1991年就任。多年來榮獲全球人類發展指數第一名，這發展指數是融合預期壽命、教育程度、生活水平所計算出來的。挪威在全球性別差距報告中也排名世界第三。

挪威是熱愛運動的一個民族。千百年來，因歷史及地形的緣故，挪威人形成 自給自足的自然經濟形態及與大自然爲伍的民族性格和生活習慣。挪威人擁有「天馬行空」、「獨往獨來」的性格，具有「交物不交人」的特色。

挪威探險家
弗里德約夫・南森（Fridtjof Nansen, 1861–1930）
10 Kroner，1983年版

挪威文學家
彼得 · 艾伯喬森（Peter Christen Asbjornsen, 1812–1885）
50 Kroner，1996年版

挪威歌唱家
克莉絲汀 · 弗拉斯塔（Kirsten Flagstad, 1895–1962）
100 Kroner，2003年版

挪威科學家
克雷斯蒂安‧伯克蘭（K. Kristian Birkeland, 1867-1917）
200 Kroner，2002年版

挪威文學家
西格麗德‧溫塞特（Sigrid Undset, 1882–1949）
500 Kroner，1999年版

挪威畫家
愛德華・蒙克（Edvard Munch, 1863–1944）
1000 Kroner，2001年版

　　韓國：「教育先行」是首要政策。國立首爾大學、高麗大學及延世大學縮寫合稱SKY，加上韓國科學技術院（KAIST）、浦項工科大學是韓國報考競爭最激烈的大學。

　　高科技產業是韓國經濟的主導產業。韓國是全球網速最快的國家，影視都以生活、社會和歷史為題材。韓國也是酒精飲料的消費大國。

　　有次韓國召開國際儒學討論會，韓國學者鄭重指出，儒家的正統在韓國不在中國，並且拿出韓國1000元和5000元鈔票人物印證，反問為什麼中國的鈔票上，沒有孔子或儒家代表？

韓國儒學家
李滉（1501–1570）
1000 Won，2007年版 ，136mmx68mm

韓國儒學家
李珥（1536-1584）
5000 Won，2006年版

韓國國王
朝鮮世宗（1397–1450）
10000 Won，2007年版

韓國書畫家
申師任堂（Sin Saimdang, 1504–1551）
50000 Won，2009年版

　　紐西蘭：位於南太平洋，由北島與南島組成，是大英國協一員。由於長時間與世隔離，而與眾不同，動植物具有多樣性生態，地表景觀富變化。北島多火山和溫泉，南島多冰河及湖泊，是一「小而美、小而富、小而強」的國度，以下鈔票均是1999年版。

紐西蘭冒險家
艾德蒙・希拉蕊 (Edmund Hillary, 1919-2008)
5 Dollars, 1999年版

紐西蘭女權運動家
凱特・薛波特 (Kate Sheppard, 1848-1934)
10 Dollars, 1999年版

英國女王
伊莉莎白二世 (Elizabeth II, 1926-)
20 Dollars, 1999年版

紐西蘭 復興毛利文化學者
阿佩拉納・恩加塔 (Apirana Ngata, 1874-1950)
50 Dollars, 1999年版

紐西蘭物理學家
歐尼斯特・盧瑟福 (Ernest Rutherford, 1871-1937)
100 Dollars, 1999年版

國家圖書館出版品預行編目(CIP)資料

名人鈔票故事館：世界鈔票上的人物百科 / 莊
銘國，許啟發著. -- 初版. -- 臺北市：五南，
2018.09
　　面；　公分
　　ISBN 978-957-11-9841-5(平裝)

1.紙幣

561.5　　　　　　　　　　　　107012240

博雅文庫 204

RA4A

名人鈔票故事館：

世界鈔票上的人物百科

作　　　者　莊銘國、許啟發
發 行 人　楊榮川
總 經 理　楊士清
主　　編　侯家嵐
責任編輯　黃梓雯
文字校對　12舟、黃志誠、胡馨文、廖哲寬
封面設計　戴湘琦Kiki
內文排版　尤淑瑜
出 版 者　五南圖書出版股份有限公司
地　　址　106臺北市大安區和平東路二段339號4樓
電　　話　（02）2705-5066
傳　　真　（02）2706-6100
網　　址　http://www.wunan.com.tw
電子郵件　wunan@wunan.com.tw
劃撥帳號　01068953
戶　　名　五南圖書出版股份有限公司
法律顧問　林勝安律師事務所　林勝安律師
出版日期　2018 年 9 月初版一刷
定　　價　新臺幣 450 元